참 괜찮은 태도

참 괜찮은 태도

15년 동안 길 위에서 만난 수많은 사람들에게 배운 삶의 의미

참 괜찮은 태도

박지현 지음

내가 앞으로도 더 많은 사람들을
만나고 싶은 이유

왜 그렇게 사람이 어려웠을까. 고등학교 때까지는 같은 나이에 비슷한 환경에서 비슷한 고민을 하며 친해지려고 굳이 노력하지 않아도 마음을 터놓는 친구 몇 명과 그럭저럭 지냈는데, 대학교에 들어가니 저도 모르게 위축이 되었습니다. 나이도, 출신도 제각각인 예술 대학 사람들과 섞이는 것이 제게는 어렵게만 느껴졌습니다. 그래서 아무도 저한테 신경 쓰지 않을 거라는 사실을 알면서도 강의실 문을 열고 들어갈 때마다 용기가 필요했습니다. 게다가 공동 작업을 해야 하는 영화 전공 수업은 단단한 벽을 손으로 치는 것처럼 무력감을 느끼게 했습니다. 나중에는 제가 이렇게까지 사회 부적응자였나 싶을 정도로 사람들과 같이 있는 것이 힘들었습니다.

그래도 어찌어찌 졸업을 했는데 제 앞에는 더 두려운 사회생활이 기다리고 있었습니다. 그래서 대학 졸업 후 한동안은 취직할 엄두조차 내지 못했습니다. 어디를 가든 사람들과 섞이지 못할 것만 같아 도전하기도 전에 체념해 버린 것입니다. 그럼에도 창작은 하고 싶어서 되도록 사람들과 부딪히지 않는 일을 찾았습니다. 그렇게 저는 뮤직비디오 프로덕션에서 작가로 일하게 되었습니다. 아직 대중에게 공개되지 않은 곡을 들어 보고 거기에 맞는 뮤직비디오를 만드는 일이었는데 다행히 저와 잘 맞았습니다.

그렇게 일에 재미를 붙여 가고 있을 때쯤 KBS에서 VJ비디오저널리스트로 일하고 있는 한 선배로부터 연락을 받게 되었습니다. '다큐멘터리 3일'이라는 프로그램에서 산부인과를 촬영할 여자 VJ가 긴히 필요하다는 것이었습니다. 다큐멘터리 작업을 해 본 적은 없지만 새로운 경험을 하고 싶어 그 제안을 받아들였습니다.

그런데 막상 촬영 날이 다가오자 생전 처음 보는 산부인과 분만실의 풍경을 제대로 담아낼 수 있을지 걱정되기 시작했습니다. 일 자체도 낯선 데다가 분만실에 동행하는 카메라는 오직 하나, 제가 들고 가는 것뿐이었습니다. 혹시나 실수해서 출산의 순간을 놓치기라도 할까 봐 저도 모르게 긴장되었습니다. 그러다 늦은 밤, 진통이 온 한 산모를 만났습니다. 그리고 아기가 나오기까지 시간이 좀 더 걸릴 것 같다는 의사의 진단에 저는 산모와 새벽 시간을 함께하게 되었습니다.

그녀는 진통이 오면 괴로워하다가도 다시 잦아들면 언제 그랬냐는 듯 웃음을 잃지 않는 밝은 성격의 소유자였습니다. 저는 그녀에게 아이를 가졌을 때 어떤 기분이 들었는지, 결혼을 하기 전어떤 삶을 살아왔는지, 지금 가장 먹고 싶은 건 무엇인지 등을 물었고 그녀는 솔직하게 자신의 이야기를 들려주었습니다.

그런데 신기하게도 그녀가 미소 지으면 다행스럽다는 생각이 들고, 슬픈 이야기를 털어놓을 때면 위로해 주고 싶다는 생각이 들었습니다. 카메라의 힘인 걸까, 어떻게 만나자마자 이런 교감이 가능할 수 있는지 놀라웠습니다.

그뿐만이 아니었습니다. 옆에서 지켜보는 남편과 의료진의 이야기까지 듣고 나니 전에는 보이지 않던 것들이 보였습니다. 간호사가 자주 산모 침대를 둘러싼 커튼을 열었던 이유가 있었고, 표현은 잘 안 하지만 남편 역시 출산 과정을 두려워하고 있다는 것도 알게 되었습니다. 또 '산모는 의료진의 사소한 반응에도 긴장을 하는구나' 하는 것도 알게 되었습니다.

그리고 무엇보다 아기의 탄생을 마주한 순간, 긴장은 사라지고 온몸에서 아드레날린이 나오는 것 같았습니다. 아기와 처음으로 얼굴을 마주하고 다시 의료진에게 아기를 돌려보내기까지 저는 집요하게 엄마의 표정을 따라갔습니다. 그 안에는 안도감과 충만함, 경이로움, 극도의 행복, 그리고 신체적 고통까지 한 인간이 부모가 되는 순간에 갖게 되는 복합적인 감정이 모두 담겨 있었습니다. 카메라를 들고 분만실을 취재하지 않았다면 절대 몰랐을 세상이었습니다. 저는 그렇게 제가 미처 몰랐던 세상을 온전히 담아내는 다큐멘터리의 매력에 빠지게 되었습니다.

그 후 10여 년 동안 저는 '다큐멘터리 3일' 덕분에 카메라를 들고 이전에는 상상조차 할 수 없었던 수많은 공간을 취재하게 되었습니다. 교도소와 고물상, 노량진 고시원, 소록도, 조선소, 해병대, 시골 분교의 입학식, 알래스카의 한인타운, 국립과학수사연구원 부검실, 청와대, 인천 공항 관제탑, 올림픽 개·폐막식 현장 등 접근이 어려운 곳에서부터 험지까지 취재했고, 덕분에 누군가의 인생에 큰 의미가 되는 순간들을 함께할 수 있었습니다.

"힘들지 않으세요?"

'다큐멘터리 3일'의 VJ로 일하면서 가장 많이 들었던 말입니다. 사실 다큐멘터리 작업을 하다 보면 태풍이 몰아치는 배에서 난간을 붙잡고 선원들을 촬영하거나 영하 20도 추위에 손가락이 얼어붙어 뜻대로 움직이지 않아도 카메라를 들고 촬영해야 할 때도 있습니다. 밥을 굶는 건 다반사고 아직 수습되지 않아 눈 뜨고 보기 힘든 참사 현장을 가장 가까이에서 기록해야 하는 순간들도 있습니다.

그럼에도 저는 그 일이 좋았습니다. 아니, 더 정확하게 말하자면 다큐멘터리 일을 하게 된 것은 제 인생에 있어 너무나 큰 행운이었습니다. 대학을 졸업하고 사회생활은 할 수 있을까, 두려워했던 제가 이처럼 다양한 공간에서 수많은 사람들을 만나고 그들의 인생을 접하면서 얼마나 많은 것들을 배우게 됐는지 모릅니다.

무엇보다 낯선 사람이 카메라를 들이대면 당황할 법도 한데 사람들은 대부분 저를 진심으로 환영해 주었습니다. 카메라를 든 저를 거북해하리라는 염려가 무색하게 그들은 기꺼이 자신의 공간을 보여 주고 자신의 이야기를 솔직하게 들려주었습니다. 무더위에는 고생이 많다며 저에게 시원한 수박을 잘라 주고, 추운 겨울에는 따뜻한 아랫목을 내어 주었습니다. 오히려 이야기를 들어 줘서 고맙다고, 덕분에 자신의 인생을 돌아볼 수 있었다고 말해 줬습니다.

　그뿐만이 아니었습니다. 취재하다 보면 한 번씩 감정을 뒤흔드는 순간을 마주하게 마련인데 제가 슬픈 기색을 감추지 못할 때마다 진심으로 위로해 주는 사람들도 만났습니다. 그처럼 아무것도 바라지 않고 기꺼이 마음을 나눠 준 다정한 사람들 덕분에 세상이 조금은 따뜻하게 느껴졌습니다. 저 또한 타인에게 상처받을까 봐 겁내며 세웠던 벽을 허물고 그냥 한번 사람을 믿어 보고 싶어졌습니다.

　그러자 신기하게도 세상을 바라보고 사람을 대하는 저의 태도도 달라지기 시작했습니다. 누군가 제게 날을 세우더라도 예전처럼 겁을 집어먹고 움츠러들기보다 그에게 무슨 사정이 있는 건 아닐까 생각하게 되었고, 제가 또 어떤 오해나 편견에 휩싸여 있는 건 아닐까 제 스스로를 먼저 돌아보게 되었습니다.

　그리고 일을 잘하는 것도 중요하지만 그 과정에서 사람을 놓치지 말아야 한다는 것도 알게 되었습니다. 자신의 일에 열심이면서도 상대의 마음을 헤아리고 배려하고 작은 일에도 감사할 줄 아는 사람들을 보면서 저도 그렇게 살아야지 생각하게 된 것입니다.

또 오랜 인고 끝에 인생의 봄을 맞이한 사람들을 보면서는 힘들어도 좌절하지 않고 '내가 지금 인생의 겨울을 지나고 있구나' 생각하며 마음을 다잡을 수 있었습니다.

힘들게 노력해서 목표를 이루었지만 그 후의 공허함으로 어쩔 줄 몰라 하는 사람들을 보면서는 큰 목표를 세우고 살아가는 것만큼 소소한 취향을 발전시켜 나가는 것도 중요하다는 것을 알게 되었습니다. 그리고 성공을 이루는 것만큼 그 기쁨을 같이 누릴 주변 사람들이 소중하다는 것도 배웠습니다. 그래서 제가 무엇인가를 해내고 이뤄 갈 때 같이 기뻐해 주는 사람들이 있다는 것에 깊은 감사를 느끼곤 합니다.

한 분야에서 일가를 이루는 것도 대단하지만 다 내려놓고 다시 시작하는 사람들을 보면서는 저도 그들처럼 명함과 직책, 소속에 연연하지 않고 저 자신만으로도 당당한 사람이 되고 싶어졌습니다. 그렇게 살기 위해서는 타인의 말에 휘둘리지 않고 지금 당장 결과가 나오지 않더라도 저 자신을 믿고 걸어갈 수 있어야 한다는 것도 알게 되었습니다.

생각보다 많은 사람들이 상대의 진심을 모르고 살아간다는 걸 알았을 때는 마음이 아팠고, 저도 후회하지 않으려면 상대에게 전하고 싶은 마음을 그때그때 표현하며 살아야겠다는 다짐을 하게 되었습니다.

이밖에도 제가 '다큐멘터리 3일'을 시작으로 '유 퀴즈 온 더 블럭'이라는 프로그램으로 자리를 옮겨 일해 온 지난 15년 동안 만난 수많은 사람들에게 배운 것들이 너무나 많습니다. 그로 인해 제 인생도 참 많이 달라졌습니다. 때로는 자신 없고 지치고 다른 삶을 부러워하며 흔들리기도 했지만 사람들에게 배운 단단한 삶의 태도들 덕분에 다시 삶의 중심을 잡을 수 있었습니다.

그래서 저는 앞으로도 더 많은 사람들을 만나 생생한 삶의 역사를 통해 얻게 된 지혜와 용기를 배우고 싶습니다. 그렇게 배운 삶의 태도들을 잊지 않고 계속 연습하다 보면 정체되거나 녹슬지 않고 좀 더 나은 인생을 살 수 있을 것이라 믿기 때문입니다.

책을 쓰면서 그동안 만나 온 수많은 사람들을 다시 떠올려 보게 되었습니다. 그리고 인생의 어느 순간 저에게 힘이 되어 주었던, 혹은 닮고 싶은 태도를 보여 준 사람들을 정리하다 보니 다시 한번 깨닫게 되었습니다. 세상에는 생각보다 다정하고 따뜻하며 멋있는 사람이 많다는 사실을 말입니다.

그런데 제가 그들에게 배운 것들을 제대로 전달할 수 있을까 걱정이 되어 원고를 붙잡고 있다 보니 어느새 5년이 흘러 버렸습니다. 여전히 부족하지만 그럼에도 책을 세상에 내놓는 이유는 딱 한 가지입니다. 때론 저를 부끄럽게 만들었고, 때론 저를 반하게 만들었던 사람들의 이야기가 당신에게도 가닿으면 좋겠다는 생각이 들어서입니다.

혹시 길을 헤매고 있거나 자신이 너무 싫어 못 견디겠다거나 위로가 필요한데 마음 둘 곳이 없어 외롭다는 생각이 들 때 이 책에 소개된 여러 삶들 가운데 그 어떤 것이든 당신이 읽고선 힘을 낼 수 있으면 좋겠습니다. 그러면 더 바랄 것이 없을 것 같습니다.

2022년 9월

박지현

contents

chapter 1

15년 동안 길에서 만난
수많은 사람들에게 배우다

언제부터인가 암 환자들이 자주 찾는 숲이 있다. 바로 편백 나무 숲이다. 편백 나무는 침엽수 중에서도 가장 많은 양의 피톤치드를 뿜어내는 나무로 유명하다. 피톤치드가 많은 곳에서 산림욕을 하면 기분이 상쾌해지고 면역력이 높아질 뿐만 아니라 암 치유에도 효과적이라고 한다. 그러다 보니 전남 장성의 축령산 편백 나무 숲에는 현대 의학으로는 치료를 기대하기 어려워 마지막 방법으로 자연 치유를 택한 암 환자들의 발길이 끊이지 않는다.

그들을 취재하기 위해 축령산을 찾아 곧게 솟은 편백 나무들이 울창하게 자라고 있는 숲을 보고 있자니 참으로 놀라웠다. 이 엄청난 숲을 만든 게 오직 한 사람의 노력 덕분이었기 때문이다. 임종국 선생, 그는 한국 전쟁이 끝난 뒤 폐허가 된 축령산에 자신의 사비를 몽땅 털어 편백 나무와 삼나무 253만 그루를 심었고, 죽을 때까지 이를 가꾸는 데 바쳤다고 한다. 사람들은 그에게 왜 쓸데없는 일을 하느냐고 했지만 그렇게 평생을 바쳐 가꾼 편백 나무숲은 지금 많은 이들을 살리는 숲이 되었다.

그런데 촬영이 시작부터 난관에 부딪혔다. 암 환자들이 이런저런 이유로 방송 출연을 꺼렸기 때문이다. 그들은 삶의 마지막을 조용히 보내며 치료에 전념하고 싶을 뿐, 괜히 방송에 나갔다가 오해나 불필요한 주목을 받고 싶지 않다고 했다.

'다큐멘터리 3일(이하 '다큐 3일')'이라는 방송 프로그램은 네다섯 명의 VJ비디오저널리스트가 하루에 각자 서너 명의 주인공들을 만나고, 그들의 3일을 담아낸다. 그런데 프로그램 원칙상 사전 섭외 없이 현장에서 만나는 사람들 중 주인공을 찾아야 한다. 한마디로 현장에 가기 전까지 어떤 사람의 3일을 담게 될지 모르는 채로 움직이는 것이다. 게다가 3일, 즉 72시간 동안의 취재가 원칙이다 보니 무조건 그 시간 내에 인생의 희로애락을 담아내야 했다. 그래서 매번 촬영에 나설 때마다 행운이 찾아오기를 기도하는 심정이었다.

편백 나무 숲 촬영 첫날 밤 우리는 각자 촬영을 마치고 회의를 했다. 다행히 마음을 열고 촬영에 협조해 준 사람들이 있어 그에 대한 이야기를 나누었다. 그런데 축령산에서도 인적이 드문 깊은 숲속에 들어가 생활하고 있는 암 환자들을 만나 보겠다던 담당 PD와 VJ는 딱 한 사람만 간신히 인터뷰를 하고 돌아왔다고 했다. 보통 VJ 한 명당 하루에 서너 명은 만나야 프로그램이 안정적으로 구성될 수 있는데 분량에 차질이 생긴 것이다. 그런데 담당 PD 는 별로 불안해하는 것 같지 않았다. 심지어 내가 섭외한 사람들 이야기를 했더니 이렇게 말했다.

"지현아, 그분들 예쁜 모습 많이 찍어 줘."

그들에게 어떤 사연이 있는지, 어떤 이야기를 방송에 담을 생각인지를 묻는 게 아니라 그들의 지금 이 순간을 예쁘게 담으라니, 도대체 무슨 생각인지 알 수 없었다.

다음 날 아침 촬영을 나서는 길이었다. 담당 PD가 전날 같이 움직였던 VJ에게 어제 갔던 그 숲으로 다시 가자고 했다. 나는 당연히 어제 만난 암 환자 말고 다른 사람들을 설득하러 가나 보다 했다. 그런데 PD가 의외의 말을 꺼냈다. 어제 촬영 팀이 예고도 없이 찾아간 터라 혹시 그들의 마음을 불편하게 한 건 아닌지 마음이 쓰여서 안 되겠다는 것이다. 그러니 다시 찾아가서 괜히 마음 불편하게 만들어 죄송하다고 말하고 마음 편히 지내길 바란다고 전할 생각이라고 했다.

나의 일이 중요한 만큼, 내가 만나는 사람의 인생도 중요하다. 특히나 다른 이의 생을 기록하고 그 의미를 찾아야 하는 우리에게 사람만큼 중요한 것은 없다. 그런데 어쩌면 나는 언제부터인가 사람을 방송 아이템으로만 대해 온 건 아닐까. 프로그램을 잘 찍는 것도 중요하지만 출연자들에게 방송이 어떤 의미로 남을지, 촬영 때문에 불편한 건 없는지 먼저 살폈어야 했다. 그 어떤 순간에도 사람을 수단으로 대해선 안 되기 때문이다. 내가 섭외한 사람들만 해도 그렇다. 말기 암 환자에게는 내가 촬영한 모습이 마지막 기록일 수 있다는 생각에 PD는 최대한 예쁘게 찍는 걸 우선으로 하라고 말한 것이다. 다행히 아직 촬영이 남아 있었고, 나는 PD의 말대로 촬영을 허락해 준 암 환자와 남편의 자연스러운 일상 속에서 새어 나오는 예쁜 모습을 많이 찍을 수 있었다.

방송이 나가고 나서 시청자로부터 암 환자를 응원하는 글들이 쏟아졌다. 그때 나는 배웠다. 일을 잘하기 위해서 사람을 이용하거나 괴롭지 않고 사람을 배려하면서도 충분히 좋은 방송을 만들 수 있다는 것을.

그러니 아무리 일로 만난 사이라 할지라도 일을 잘하고 싶다는 욕심에 사람을 수단으로 대하면 안 된다. 일도 결국 사람이 한다는 것을 잊어서는 안 된다. 일보다 사람을 앞에 두어야 하는 이유다.

2008년 청주여자교도소로 촬영을 갔을 때였다. 난생처음으로 교도소를 가 보는 데다가 수감실 내부까지 취재하다 보니 나도 모르게 긴장을 하게 되었다. 나는 취재에 앞서 교도관을 만나 주의 사항을 들었다. 혹시 특별히 조심해야 할 수감자가 있느냐고 묻자 교도관이 말했다. 딱 한 사람만 조심하면 된다고, 그 수감자는 자신도 대하는 게 어렵다고 했다. 세상에 더 이상 무서울 게 없는 사람이란 말에 그 수감자의 이야기가 궁금해졌다.

그녀는 아주 성실한 수감자였다고 한다. 누구라도 '교도소에 있을 사람이 아닌데'라고 생각할 정도였다고. 평범한 가정주부였던 그녀는 어느 날 남편이 외도를 한다는 사실을 알게 되었다. 불륜 상대자는 바로 그녀의 친구였다. 충격을 받은 그녀는 남편을 죽이고 자수했다. 교도소에 들어온 그녀는 모범적이고 성실한 사람으로 통했고 그 결과 몇 년 후 가석방을 받게 되었다.

그렇게 복수가 끝난 줄 알았다. 하지만 자유를 얻은 첫날 그녀는 남편의 외도 상대였던 친구를 죽이고 다시 자수했다. 다시 교도소로 온 그녀는 그 전과 달랐다. 얼굴엔 표정이 없었고, 눈은 텅 비어 있었다. 그녀의 곁에 가면 늘 차가운 공기만 맴도는 듯했다. 두 번의 살인, 그리고 두 번의 자수. 그녀는 처음부터 남편과 친구를 모두 죽일 생각이었을까. 복수하겠다는 일념 하나로 몇 년을 버텨 내고 결국 친구까지 죽이고 나서 그녀는 과연 무슨 생각을 했을까. 복수를 하고 그녀는 후련했을까. 그런데 왜 눈빛도 표정도 사라져 버린 걸까. 그녀에게 앞으로 남은 생은 어떤 의미가 있을까.

그녀의 이야기를 듣는 내내 마음이 편치 않았다. 살아 있지만 살아 있지 않은 것처럼 느껴졌기 때문이다. 삶의 의미를 잃어버린 듯 숨만 쉬고 있는 듯한 느낌이랄까. 불륜을 저지른 사람들에게 원죄가 있다 할지라도, 꼭 그 길밖에 없었을까. 남편과 친구를 기억에서 지워 버리고 그냥 자신의 인생을 살아갈 수는 없었던 걸까.

청주여자교도소를 3일 동안 취재하며 많은 사람을 만났지만 왠지 모르게 자꾸 그녀의 이야기가 떠올랐다. 복수를 선택한 한 인간의 끝이 너무나 안타깝고 쓸쓸하게 느껴졌기 때문이다.

그러다 문득 그녀를 다시 떠올리게 된 건 한참 후인 2020년, 장동익을 인터뷰하게 되면서였다. 그는 부산 낙동강변 살인 사건의 범인이라는 누명을 쓰고 21년간 억울하게 옥살이를 해야만 했다.

사건은 1990년 1월 부산 낙동강 근처에서 한 여성의 시신이 발견되면서 시작되었다. 그 여성을 죽인 것으로 추측되는 사람은 현장을 빠져나오면서 정체불명의 두 사람으로부터 습격을 받았다고 주장했고, 그 과정에서 여자는 죽고 자신은 가까스로 살아 나온 것이라고 거짓 증언을 했다. 그 바람에 살인 사건은 1년 넘게 미제 사건으로 남게 되었다.

당시만 해도 미제 사건 범인을 검거한 경찰에게는 특진을 시켜주는 제도가 있었다. 특진에 눈이 먼 경찰은 무고한 시민 두 명을 용의자로 특정해 무자비한 고문 끝에 허위 자백을 받아 낸다. 그 두 명은 사건 당일 현장에 없었지만 계속되는 고문과 폭행을 견디다 못해 허위 자백을 했고 그 결과 무기 징역을 선고받았다.

그들은 복역하던 중에 모범수로 감형이 돼 21년 5개월을 살고 출소를 하게 되었다. 그러다 2019년 뒤늦게 사건이 주목받으며 검찰 과거사위원회는 "고문으로 범인이 조작됐다"고 인정했고 부산 고등법원에서 재심이 열렸다. 그중 한 사람이 바로 장동익이었다.

흰머리가 성성한 모습의 그는 누군가의 부축을 받으며 인터뷰 장소로 걸어 나왔다. 1급 시각 장애 판정을 받은 그의 눈동자는 바로 앞에 있는 내가 아닌 다른 곳을 향해 있었다. 앞에 있는 이조차 보지 못하는 사람에게 어떻게 살인자라는 누명을 씌울 수 있단 말인가. 질문을 던져야 하는데 말이 잘 나오지 않아 몇 분 동안

"죄송합니다"라는 말만 반복했던 것 같다. 겨우 마음을 가라앉히고 질문을 던졌다.

"처음 경찰들이 집에 들이닥쳤을 때가 기억나세요?"

"그때 제가 서른셋이었고 아내는 스물아홉이었습니다. 두 살 된 딸도 있었어요. 감옥에 가서 마음을 추슬러 보려고도 했습니다. 하지만 어머니가 면회를 오고, 아이를 업은 아내가 면회를 왔다 가면 속이 부서져서 힘들더라고요. 그래서 나중에는 그랬죠. 면회 안 와도 된다, 잘 살고 있으니까 내가 편지하면 답장이나 한 번씩 해 줘라. 그래도 제가 나갈 때까지 어머니, 아버지가 살아 계셨으면 했는데 어머니는 2003년 11월에 돌아가시고, 아버지는 2004년 12월에 돌아가셨습니다. 어머니가 돌아가셨다는 소식을 들었을 때는 정말 모든 게 싫어지더라고요. 어머니가 면회 올 때마다 그랬거든요. '재판 기록을 모두 복사해 둬야겠다, 네가 언젠가 나올 텐데 그때는 진실을 밝혀야 한다.' 나중에 알고 보니까 어머니가 그 기록들을 전부 짊어지고서 여기저기 갈 수 있는 곳은 모두 다녔더라고요. 지금도 그 기록이 집에 있는데 재판할 때마다 그걸 가지고 법정에 갑니다. 여기엔 분명히 어머니의 혼이 담겨 있고, 어머니와 같이 재판을 진행하는 거다, 생각하면서. 진실이 밝혀지면 제일 먼저 그 소식을 전하고 싶었던 사람이 어머니이니까요."

분홍색 보자기에 첩첩 쌓여 있는 2,000장의 사건 기록은 얼마나 많은 사람들의 손을 거쳤는지 종이 끝이 다 해져 있었다. 결국 그는 2021년 2월 4일 무죄를 선고받았다. "나는 안 죽였어요"라는 말을 했지만 돌아오는 건 매질뿐이었고, 그 후로 "무죄를 선고한다"는 일곱 글자를 듣기까지는 30년이 걸렸다. 살인 누명을 쓰고 20년 넘게 감옥살이를 한 사람의 마음을 어떻게 짐작할 수 있을까. 언젠가 진실은 밝혀질 거라 믿고 그 희망 하나로 살아왔지만 그러기엔 너무나 긴 세월이었다.

눈에 넣어도 아프지 않을 어린 딸은 어느덧 커서 어른이 되었고, 멋진 아빠가 되기를 꿈꾸었던 서른셋의 그는 어느덧 50대가 되었다. 어머니와 아버지는 그가 무죄 판결을 받는 것을 보지 못하고 세상을 떠났다. '왜 하필 나일까'라는 생각을 수천 번도 더 했다는 그는 재심이 결정되었을 때 그런 생각을 했다고 한다.

"놓아야겠다. 용서해야겠다. 마음속에 품고 있어 봐야 나 자신이 힘드니까 놔야겠다."

내가 만약 그런 상황에 놓였다면 과연 그처럼 용서하겠다는 결심을 할 수 있었을까. 내가 처음 그를 봤을 때 몇 분 동안 말을 잇지 못했던 건 그의 평온한 표정 때문이었다. 그 안에는 억울하지만 돌이킬 수 없기에 그 모든 것을 받아들이기로 마음을 다잡고 이 고통에도 의미가 있다면 그 의미를 많은 사람들에게 전하고자 하는 결심이 깃들어 있었다. 그래서인지 나는 감히 범접할 수 없는 숭고한 결정을 내린 사람을 마주한 기분이 들었다.

나는 아무 잘못이 없다고, 억울하다고, 내 과거를 망가뜨린 사람들을 원망해 봐야 이미 지나간 시간은 돌아오지 않는다. 하지만 오늘도 그 과거에 매여 나를 이렇게 만든 사람을 원망하며 하루를 망칠지, 아니면 나를 위해 이제 그만 과거를 놓아줄지는 나의 선택에 달려 있다. 그렇게 보자면 용서란 상처받은 내 영혼에게 해줄 수 있는 가장 큰 선물이 아닐까.

진정한 용서는 나를 괴롭힌 사람을 위한 게 절대 아니다. 그 사람이 저지른 짓에 면죄부를 주는 것도 아니다. 그저 장동익의 말처럼 "마음속에 품고 있어 봐야 나 자신이 힘드니까" 나를 위해 용서를 선택하는 것이다. 그래서 현명한 사람은 용서를 하되 잊지 않는다고 했다.

그럼에도 도저히 용서할 수 없을 것 같은 일을 겪는다면 나는 과연 그처럼 용서를 택할 수 있을까. 자신이 없다. 제발 그런 일이 나에게 벌어지지 않았으면 좋겠다는 생각을 먼저 하게 된다. 하지만 청주여자교도소의 그녀처럼 복수로 모든 것을 태워 버리고 나를 파괴하고 싶지는 않다. 그렇게 텅 비어 있는 얼굴로 내 생을 마무리하기를 원하지 않는다.

왜 정작 나한테는
그 말을 못 해 준 걸까?

3일 동안 경복궁에 오가는 사람들을 촬영하고 있을 때였다. 오래전부터 한복을 입고 경복궁을 거닐어 보고 싶었다던 한 자매를 만났다. 한복까지 입으니 시간 여행을 해서 진짜로 조선 시대에 와 있는 듯한 기분이 든다는 말에 내가 물었다.

"만약에 길거리를 걷다가 그 시대의 또래를 만난다면 그들이 어떤 말을 해 줄 것 같아요?"

밝은 표정으로 신나게 말하던 자매는 잠시 생각에 잠기는 듯 보였고, 잠시 후 언니가 먼저 이렇게 말했다.

"잘하고 있다고요."

그러더니 울컥했는지 눈물을 흘렸다. "잠시만요, 왜 이러지?" 하며 눈물을 훔쳤지만 금방 진정이 되지 않는 듯 한참 동안 말을 잇지 못했다. 얼마나 잘하고 있다는 말이 필요했으면 울컥할까 생각이 들었다.

그때의 기억을 다시 떠올리게 된 건 한참 뒤 인형 병원을 취재할 때였다. 다 해진 낡은 인형을 수선해 주는 곳이었는데 마침 어릴 때부터 함께한 햄토리 인형을 수선하러 온 대학생을 만나게 되었다. 햄토리 인형은 보기에도 너무 낡고 해져 있었다. 하지만 20년 넘게 햄토리와 같이 웃고 울다 보니 너무 정이 들어 버릴 수가 없었다고 한다. 그래서 예전의 모습을 되찾아 주고자 인형 병원을 찾게 되었다고 했다. 특히 최근에 입사 지원했던 곳에서 불합격 문자를 받고 나서 햄토리를 보며 많은 위로를 받았다고 했다. 나는 그녀에게 물었다.

"햄토리가 어떤 말을 해 주었나요?"

그러자 그녀는 말을 바로 잇지 못하고 눈물을 애써 참는 듯 고개를 돌렸다. 잠시 후 그녀는 호흡을 고르며 말했다.

"그냥 힘내라고, 같이 있을 테니까."

불합격 문자를 받고 얼마나 속상했을까. 하지만 그녀는 애써 괜찮은 척했을 것이다. 주위 사람들에게 걱정 끼치고 싶지 않아서일 수도 있고, 그까짓 실패에 마음이 무너져 내릴 정도로 약한 자신을 들키기 싫어서일 수도 있다. 하지만 실은 괜찮지 않았던 것이다. '많이 속상했을 텐데 힘내'라는 말을 누군가 해 주기를 바랐던 것이다.

우리는 늘 남의 시선이나 감정, 생각에 온 감각을 곤두세우고 살아간다. 남들에게 인정받고 싶고, 사랑받고 싶기 때문이다. 하지만 그 마음이 지나치면 남들의 말과 판단에 온통 신경이 쏠려 정작 자신의 감정과 생각들은 대수롭지 않게 넘겨 버리게 된다. 남들에게는 좋은 사람일지 몰라도 정작 내 마음을 돌보는 데는 인색한 사람이 되어 버리는 것이다. 왜 남들에게는 '잘하고 있어', '힘내'라는 말을 잘하면서 정작 나 자신한테는 그 말을 못 해 주는 걸까?

우리는 하루하루 살아가려 고군분투하면서도 끊임없이 스스로를 몰아세우기 바쁘다. 늘 부족하게 느껴지고, 채워 나가야 하는 것은 많은데 아직도 그대로인 게 못마땅하고, 작은 실수 하나에도 며칠을 자책하고….

어쩌면 나를 가장 힘들게 하는 사람은 바로 나일 수 있다. 그렇게 나 자신을 몰아세우며 꾹꾹 눌러 담은 감정들과 상처가 곪아 터져 나오는 게 바로 울컥하며 쏟아지는 눈물이 아닐까.

내 안의 어린아이가 울고 있다면 달래 줘야 한다. 남들에게 좋은 사람이 되려고 애쓰기 전에 나 자신에게 먼저 좋은 사람이 되어야 하는 것이다. 지금 남들에게 가장 듣고 싶은 말을 나 자신에게 해 주는 것도 방법이다. 잘하고 있다고, 어떻게든 될 테니까 걱정하지 말라고 스스로에게 말해 주는 것이다.

영원한 초통령 뽀로로의 목소리를 19년간 연기해 온 성우 이선. 그녀는 뽀로로를 보며 자란 많은 아이들을 보며 보람을 느낀다고 했다. 내가 마지막으로 뽀로로에게 영상 편지를 보낸다면 어떤 말을 하고 싶냐고 묻자 그녀는 잠시 말을 잇지 못했다. 그러고는 잠시 후 이렇게 말했다.

"갑자기 너무 많은 감정이 밀려와서 좀 울컥했다. 그 많은 성우 중에 이선에게 와 줘서 너무 고맙다. 앞으로도 30년, 40년 나랑 계속 함께해. 뽀로로야, 고마워."

나는 지금 사람들에게 무슨 말을 듣고 싶은지 생각하다가 우연히 다음과 같은 트윗글을 발견했다.

"마음이 너덜거릴 조짐이 보이면 우선 자기 내면의 아이를 대접해 줘야 한다. 어제 저녁 식사 후에 딸기 한 대접 먹이고 11시 전에 재웠더니 상태가 많이 좋아짐."

아, 나도 오늘은 내 안의 어린아이에게 맥주 한 캔을 대접해 주고 얼른 재워야겠다.

누구나 그렇게
아버지가 된다

　　조기잡이가 시작되는 9월부터 남해안에 있는 추자도는 그 어느 때보다 분주해진다. 앞으로 3개월 동안 부지런히 조기를 잡아야 1년을 먹고살 수 있기 때문이다. 그래서 추자도 사람들은 조기를 '돈조기'라고 부른다.

　　나는 그중에서도 섬의 막내 선장 배를 동행 취재하기로 했다. 서른두 살 선장은 섬에서 나고 자랐다. 어릴 때부터 선장인 아버지의 삶을 봐 온 그는 다짐했었다. 자신은 배를 타지 않을 거라고, 절대 아버지처럼 살지 않겠노라고. 그러나 어느 순간 자연스럽게 배를 타게 되었고 지금은 아내와 갓 돌 지난 딸이 있는 가장이자 한 배의 선장이 되었다.

　　바다가 일터인 그는 수시로 일기 예보를 확인하고 또 확인한다. 그런데 야속하게도 풍랑 주의보가 며칠째 이어지고 있었다. 그러나 더 이상 기다릴 수 없었던 그는 거친 파도를 감당할 각오로 출항을 결정했다. 그의 아내가 딸을 데리고 남편을 배웅하러 항구로 나왔다. 추자도 사람들이 출항하는 이에게 절대 하지 않는 말이 있다. '안녕'이라는 말. '안녕'이라고 말했다가 정말 마지막 인사가 될까 봐 염려되기 때문이다.

그의 조기잡이 배는 아담했다. 구조 또한 단순해서 선장실과 갑판 밑에 선원들이 단체로 쓰는 공간이 다였다. 물론 화장실은 없었다. 배 뒤편에 동그란 구멍이 있고 그 앞에 판자 하나 가려 놓은 데가 간이 화장실이었다. 내가 여자라고 해서 특별히 배려해 줄 수 있는 상황이 아닐 거라고 짐작은 했지만 막상 배를 둘러보니 더 난감했다.

왜 하필 풍랑 주의보일 때 촬영을 오게 되었을까. 내가 과연 이 거친 파도를 견뎌 낼 수 있을까. 그런 생각들로 머릿속이 복잡한데 선원 중 한 명이 내게 다가오더니 생수 한 병을 챙기라고 당부했다. 그 한 병의 물이 며칠 동안 내가 세수하고 양치할 물이 될 거라면서.

선장이 된 지 이제 2년, 막내 선장은 배에 타면서 아버지 생각을 더 많이 한다고 했다. 아버지는 그보다 더 어린, 스물여덟 살에 선장이 되었다. 어릴 적 아버지는 늘 그에게 말했다.

"나는 못 배운 것이 한이니 너는 많이 배워서 나처럼 고생하지 마라."

그러나 추자도에는 아버지가 열어 준 뱃길을 이어받아 선장이 된 아들들이 대부분이었고 그도 그중 한 명이 되었다. 기왕 바다로 나갔으니 만선을 꿈꿔 보지만 그게 그리 쉬운 일은 아니다. 좋은 어장에는 당연히 사람이 몰리는 법. 좋은 자리를 차지하기 위해 다른 배들과 경쟁을 벌여야 할 때도 있다. 그때마다 어느 자리가 좋을지 선택하는 것은 온전히 선장의 몫이다 보니 부담도 크다. 아버지는 이런 부담감을 어떻게 평생 견뎠을까 싶단다.

　풍랑과 싸워 가며 하루를 꼬박 달린 끝에 배는 멈추었고, 새벽 5시 벨이 울리자 선잠을 자던 선원들은 일어나 투망 준비를 시작했다. 거친 파도가 몰아쳐 배가 이리저리 흔들리고 비까지 내리니 갑판 위에 똑바로 서 있기도 힘들었다. 하지만 선원들의 표정에 두려움 따윈 보이지 않았다. 그저 선장의 투망 신호만 기다릴 뿐이었다. 드디어 선장이 '투망'이라고 외치자 선원들이 일제히 그물을 내리기 시작했다.

　"이젠 운에 맡겨야죠."

　물론 만선의 꿈을 이룰 수도 있겠지만 조기가 생각처럼 잡히지 않을 수도 있고 재수가 없으면 그물이 바위에 걸려 망가질 수도 있다. 결과가 어떨지는 아무도 모른다.

　그런데 선장의 말이 끝나기 무섭게 전화벨이 울렸다. 이 시간에 육지에서 연락 올 일이 없는데… 말끝을 흐리며 전화를 받는 선장. 무슨 말이 오가는지 그의 표정이 사뭇 심각했다.

　"어? 뭐라고? 일단 끊어 봐. 그물 내려야 되니깐."

아내의 전화인데 딸이 화상을 입었단다. 육지에 있는 큰 병원으로 가야 할 것 같다며 어떡해야 좋을지 모르겠다는 아내의 이야기에 선장은 어쩌다 그랬냐고 성을 내다가 한숨을 내쉬었다. 그물을 내린 이상 집으로 가려면 그물을 다 끊어 내야 하고 그러면 막대한 손해를 입게 된다. 그리고 당장 출발한다고 해도 집에 가려면 하루는 족히 걸리기에 사실 그가 지금 할 수 있는 일은 없었다. 그저 아내가 빨리 딸을 병원으로 데려가 치료를 받기를 기다리는 수밖에.

가뜩이나 긴장되는 투망 시간에 딸이 아프다는 소식까지 전해 듣자 선장실의 공기는 숨 한번 크게 내쉬기 어려울 정도로 얼어붙었다. 선장은 말없이 작은 창을 통해 그물만 뚫어져라 쳐다봤다. 그때 그의 굳어 있던 옆얼굴이 아직도 생생하다. 해가 밝자 다행히 아내로부터 응급 처치를 잘 받아 괜찮으니까 걱정하지 말라는 연락이 왔다. 그제야 비로소 선장은 긴장이 풀린 듯 한숨을 돌렸다.

"마음이 안 좋죠. 제가 만약 육지 생활을 했으면 같이 가 줄 수도 있잖아요. 제 직업이 이렇다 보니 옆에 못 있어 주고, 그게 아내한테 미안하죠. 아내 혼자 다 해야 되니까."

그물을 바다에 던지고 4시간 정도 지났을까. 선장은 선원들과 함께 그물에 걸려 든 조기를 하나라도 놓칠세라 부지런히 그물을 걷어 올렸다. 심하게 흔들리는 배 위에서 중심을 잡으며 묵묵히 그물을 걷어 올리는 선장을 카메라로 담고 있자니 문득 그런 생각이 들었다. 나의 아버지도 저런 하루들을 보내 왔겠구나, 하루 종일 땀 흘리고 힘든 상황도 꾸역꾸역 견뎌 가며 어떻게든 자식들 밥 굶지 않게 하려고 애썼겠구나, 집에 일이 생겨도 걱정은 되는데 가 보지 못하는 마음은 참 무거웠겠구나, 그런데 퇴근해 집에 오면 문을 닫고 들어가 버리는 자식들의 뒷모습을 보며 많이 쓸쓸했겠구나, 우리들 아버지의 하루가 저런 모습이었겠구나. 정끝별 시인은 아버지에 대해 이렇게 말했다.

"세상을 알기 시작하면서 아버지와 불화했다. 밥벌이를 시작하면서 아버지를 이해했고, 밥벌이에 좌절하면서 아버지를 용서했다. 그리고 자식을 낳고 키우면서야 아버지와 화해했다."

나는 밥벌이를 시작하기 전에 아버지를 잃었다. 이제야 아버지를 이해하고 가장의 고독과 무게를 헤아릴 수 있을 것 같은데 그 마음을 전할 시간이 나에게는 주어지지 않았다. 아버지가 지친 표정으로 퇴근할 때면 왜 유독 뭔가를 사 왔는지, 아버지 손에 들린 봉지를 보고 신나 하는 나의 모습이 아버지에게 어떤 힘이 됐을지 이제 알 것 같은데 정작 아버지가 내 곁에 없다는 사실이 슬플 때가 있다. 오늘 밤이 그렇다.

낯선 이에게 받은
잊지 못할 위로

　방송 섭외가 어려운 대상 중 하나가 암 환자와 그의 가족들이다. 장성 편백 나무 숲으로 취재를 갔을 때도 그러했다. 말기 암 환자들이 그 숲을 자주 찾는다고 했지만 그날따라 사람이 보이지 않았다. 한 시간 정도 정처 없이 숲을 돌아다니고 있을 때였다. 저 길 끝 나무 사이로 한 부부가 눈에 들어왔다. 섭외가 될지보다는 일단 사람을 만났다는 사실에 나는 안도감이 들었다.

　그들이 무슨 촬영이냐고 물었고 나는 조심스럽게 '다큐 3일'이란 방송 프로그램을 촬영하고 있다고 말했다. 섭외가 어려울 수도 있겠다고 생각했다. 그런데 의외로 남편 되는 사람이 흔쾌히 촬영을 하고 싶다고 말했다. 조건은 딱 하나, 아내에게 최대한 많은 질문을 해 달라고 했다. 그게 분명 아내에게 도움이 될 거라면서.

그의 아내는 대장암 3기 판정을 받고 암이 간까지 전이가 된 상황이었다. 치료가 불가능하다는 의사의 말에 부부는 편백 나무 숲에서의 생활을 선택했고 남편은 아내를 돌보는 일이 인생의 두 번째 직업 같다며 모든 걸 내려놓고 지극정성으로 간호했다.

그렇게 첫 만남 후 숙소에 돌아와서 나는 3일 동안 그 부부에게 어떤 질문을 건네면 좋을지 정리하기 시작했다. 다른 때 같았으면 암을 진단받았을 때 심정이 어땠는지, 그 이후로 어떤 게 힘든지 물었겠지만 왠지 그 부부에겐 그러고 싶지 않았다. 그냥 나와 있는 3일 동안이라도 암이라는 것에서 해방되어 즐겁게 웃고 추억할 수 있으면 좋겠다 싶었다.

'행복했던 순간들에 대해 물어야지!'

나는 다음 날 두 사람에게 서로 첫인상이 어땠는지부터 물었다. 남편에게는 아내가 얼마나 아름다웠는지 그리고 그녀의 마음을 얻기 위해 어떤 노력을 기울였는지 물었고, 아내에게는 남편의 어떤 모습에 감동했는지 물었다. 부부는 오랜만에 잊고 있던 옛 기억을 떠올리며 추억에 젖어 들었고, 나는 서로를 운명이라고 느끼며 그 사랑을 지키기 위해 최선을 다하는 그들을 보며 이런 생각이 들었다. 사랑에 전부를 걸어 본 적 없는 나는 모를 행복을 저들은 알고 있다고.

어느덧 3일이 지나 마지막으로 인사를 하러 갔을 때였다. 나를 본 그가 환히 웃으며 이렇게 말했다.

"거봐요. 제가 분명 이 촬영이 아내에게 도움이 될 거라고 했죠? 아내가 암 판정 후 처음으로 어제 미용실에 가서 머리를 손질했어요. 그리고 서점에 가서 '웃으며 사는 법'이라는 책도 한 권 샀다고요."

그의 말을 들으면서도 나는 믿기질 않았다. 그를 따라 집 옆에 있는 텃밭으로 가서 단정히 자른 아내의 단발머리를 보고 나서야 그녀의 밝아진 모습을 실감했고, 나의 노력이 그녀에게 닿은 것 같아서 참 기쁘고 감사했다. 그녀는 텃밭에 가지런히 배추씨를 심고 있었다. 배추가 잘 자라면 제일 예쁜 배추를 줄 테니까 꼭 다시 오라며 웃는 부부의 모습이 참 예뻐 보였다.

그 후 2주가 지나 소록도에서 한센병 환자들을 취재하고 있을 때였다. 무심히 전화를 받았는데 집에서 걸려 온 거였다. 어머니가 갑자기 병을 진단받고 큰 수술을 하게 됐다는 소식이었다. 나도 모르겠다, 그 순간 왜 가까운 지인들보다 편백 나무 숲 부부가 떠올랐는지. 늦은 밤 나는 그들에게 전화를 걸었고 참 많이 울었다. 그들은 내가 울음을 그칠 때까지 기다려 주었고, 그다음에는 자신이 처음 아내의 병을 알게 되었을 때 어떠했는지, 앞으로 어떤 일들이 닥쳐올지, 어떨 때 환자가 제일 약해지고 어떨 때 보호자가 도망치고 싶어지는지 나에게 차분히 설명해 주었다.

그로부터 몇 주 후 나는 어머니 병간호를 하다가 다시 출장을 가게 되었다. 마침 촬영을 하고 있는데 그가 전화해 대뜸 어머니 병실을 물어보았다. 무슨 일인지 궁금했지만 촬영 때문에 정신이 없어 병실만 알려 주고 전화를 끊었다. 그런데 촬영을 마치고 병원에 도착해 어머니가 있는 병실에 들어서자 편백 나무 향이 가득했다.

　그는 내 전화를 받고 다음 날부터 축령산 숲을 다니며 쓸 만한 편백 나무가 있는지 그렇게 찾아 헤맸다고 한다. 다행히 좋은 놈을 발견하고는 그 무거운 나무를 이고 내려와 깨끗하게 손질한 다음 어머니 병실로 가져온 것이다. 얼굴 한 번 본 적 없는 우리 어머니와 그 부부가 만나서 어떤 표정으로 첫인사를 나눴고, 어떤 이야기가 오갔는지 나는 알지 못한다. 아마도 서로 깊은 위로를 주고받았고, 진심의 말들을 건넸으리라. 어머니 말로는 그들이 곁에 다가와 손을 잡아 주는데 그렇게 따뜻했다고 한다. 그렇게 서로 평생 모르고 살았던 이들이 만나 편백 나무를 주고받았고, 낯설지만 따뜻한 부부의 위로에 어머니는 다시 생의 의지를 다질 수 있었다. 오래전에 아버지를 잃고 이제 어머니의 병까지 알게 돼 약해졌던 나도 편백 나무의 편안한 향을 맡으며 잠시나마 마음의 안정을 되찾을 수 있었다.

　생각해 보면 3일 동안 취재차 만난 사람일 뿐이었다. 그런데 그 부부는 늦은 밤 내 전화를 불쾌해하기는커녕 나를 위로해 주었고, 그것도 모자라 서울까지 와서 어머니 병문안을 하고 갔다. 촬영 중이어서 통화도 길게 못 하고 끊었는데 서운한 기색 없이 바쁠 텐데 얼른 전화 끊고 볼일 보라던 그들의 목소리가 아직도 귓가에 생생하다. 이 고마움을 나는 갚을 수 있을까. 정말 감사하다고, 꼭 한번 내려가겠다고 했더니 부부는 연신 괜찮다고만 했다. 덕분에 아내가 활기를 찾았으니 고마운 건 오히려 자신들이라면서. 살면서 낯선 타인에게 이렇게 깊은 위로를 받게 될 줄 미처 몰랐다. 나도 누군가에게 그런 위로가 될 수 있을까.

사람은 서로 믿고 의지하며 살아가야 한다고 배웠는데 이상하게 어른이 되어 갈수록 낯선 타인을 경계해야 하는 이유가 늘어갔다. 사회생활을 잘 하려면 덜 믿고 덜 기대하는 것이 나을 수 있겠다는 생각도 하게 되었다. 그렇게 타인에게 벽을 세우는 법을 배워 가던 나는 며칠 전까지 이름도 몰랐던 부부에게 깊은 위로를 받았고 조금씩 마음의 변화가 생겼다. 차갑게만 느껴지던 세상이 조금은 따뜻하게 느껴졌고, 타인을 만나면 혹시 상처받을까 봐 겁내며 세우던 벽도 조금씩 허물게 되었다. 그리고 그냥 사람을 믿어 보고 싶어졌다. 아무것도 바라지 않고 기꺼이 마음을 나눠 준 다정한 사람들 덕분에 말이다.

얼마 지나지 않아 어느 날 새벽, 휴대폰이 울리는데 예감이 좋지 않았다. 그녀가 숨을 거두었다는 부고였다. 얼굴을 마주하고 고마운 마음을 전하고 싶었는데 나는 결국 그러지 못했다. 장례식장 영정 속의 그녀는 편백 나무 숲에서 만났을 때처럼 여전히 따스하게 미소 짓고 있었다. 나는 영정 앞에서 끝내 울고 말았다.

내가 참 부끄러웠던 순간

　서울특별시 어린이 병원 물리 치료실. 한 아이가 매트 위에 엎드려 누워 있다가 고개를 드는 것으로 시작해 상반신을 뒤로 젖히는 동작을 연습 중이다. 한 번, 두 번, 열 번, 땀을 흘리며 애써 보지만 맘처럼 쉽지 않다. 백 번이라는 숫자를 채운다고, 혹은 하루 몇 시간씩 연습을 한다고 그 동작을 할 수 있는 것은 아니다. 어느 순간 원하는 동작을 하게 될 수도 있지만 끝내 그 동작을 못 할 수도 있다.

　아이는 열한 살인데 근육병을 앓고 있다. 팔과 다리 등의 근력이 저하되어 물건을 들거나 걷는 것이 어려워지고 결국 보행 장애를 겪게 되는 병이다. 유전으로 인해 발생하는 희귀병이고 완치 확률도 매우 낮지만 그렇다고 포기할 수는 없는 노릇. 한 번 일어나려고 해도 다양한 기구의 도움을 받아야 한다. 혼자 일어날 수 없어 치료사의 도움까지 받아 겨우 나와 눈을 마주치며 대화를 할 수 있게 된 아이가 말했다.

"장애에 대해 처음엔 불편하고 이상한 것이라고 생각했는데, 지금은 이만한 것만으로도 감사하다고 긍정적으로 생각하게 됐어요. 언젠가 나을 거라고 생각해요."

그러고는 다음 치료를 받기 위해 치료사의 부축을 받아 매트 위로 이동했다.

서울특별시 어린이 병원은 우리나라에 단 하나밖에 없는 재활 전문 어린이 공공 병원이다. 다른 민간 병원보다 저렴한 비용으로 치료를 받을 수 있어 자기 차례가 오기를 손꼽아 기다리는 아이들이 많다.

물리 치료실에서는 선천적 장애로 아주 간단한 행동도 어려워하는 아이들이 다양한 치료를 받고 있었다. 무릎을 펴고 고개를 드는 일상적인 동작에도 고통스러워하는 아이들…. 어떤 아이는 헉헉대며 구슬땀을 흘리고 있었고, 어떤 아이는 뭐가 잘 안 되는지 짜증을 내고 있었고, 어떤 아이는 머리를 쥐어뜯으며 괴로워하다가 다시 동작을 연습하고 있었다. 치료사들은 아이들의 고통을 고스란히 지켜보면서도 연신 '다시'를 외쳤다.

"지금 당장 마음 아픈 건 아주 일시적인 거예요. 아이의 앞으로의 인생을 생각하면 힘들더라도 계속 동작을 반복하고 연습할 수 있게 해 줘야 해요. 엄격하게 이끌어 줘야 한다는 거죠. 아이가 아파한다고 마음 약해져서 치료를 안 해도 된다고 하면 그 아이는 결국 혼자 일어나지도 걷지도 못하게 될 테니까요."

알고 보니 그녀의 아들도 선천적인 근육병을 가지고 태어나 다른 아이들과 함께 치료를 받고 있었다. 치료사가 아닌 장애를 가진 아이의 어머니로서 그처럼 한 발 한 발 나아가는 아이를 볼 때 어떤 마음이 드는지 궁금했다.

"사실 마음을 비운 상태예요. 저희 아이의 한계를 알기 때문이죠. 더 나빠지지만 않았으면 좋겠어요. 그래도 다른 아이들이 치료를 해서 좋아지는 걸 보면 기쁘고, 저희 아이가 더 나빠지지 않는 것만 해도 참 다행이라고 생각해요."

잠시 후 복도에 있는 그녀의 아들을 만났다. 더 어릴 적에는 왜 하필 자신이 아픈 건지 속상하고 원망스러웠지만 지금은 움직일 수 있다는 사실만으로도 감사하다고 했다. 다만 한 가지 바라는 게 있다면 키가 더 크지는 않았으면 한다고 말했다. 키가 더 커지면 자신을 부축해야 할 엄마가 더 힘들어질까 봐 우유도 잘 먹지 않는다고.

그 후로도 아들의 상태가 더 나빠지지만 않았으면 좋겠다는 엄마는 또 다른 아이에게 '다시'라고 외쳤고, 엄마가 힘들까 봐 우유도 조심하는 아들은 땀을 흘리며 재활 훈련을 열심히 받았다.

잠시 후 한쪽 매트에서 한 아이가 치료를 받았다. 많아야 서너 살쯤 되었을까. 아이는 엎드려 누운 채로 목을 가누고 고개를 들어 앞을 보는 동작을 반복 연습하고 있었다. 양팔로 매트를 짚고 얼마나 힘을 주는지 부들부들 온몸이 떨릴 정도로 끙끙댔다. 아이는 아까와 비슷한 높이까지 고개를 들었다가 치료사가 "조금만 더"라고 말하자 어떻게든 고개를 더 올려 보려고 애쓰다가 안 되겠는지 다시 매트로 고개를 떨궜다. 그 과정은 계속 이어졌고 아이의 고개는 비슷한 높이까지 올라갔다가 다시 떨어지기를 반복했다.

아이는 왜 저 고통을 감내하고 있을까? 왜 잘 올라가지도 않는 고개를 좀 더 젖히기 위해 온 힘을 다해 양팔로 매트를 밀어내고 있을까? 힘들면 그냥 엎드려 있어도 되는데 왜 연습을 멈추지 않는 걸까?

언젠가 한 선배네 집에 갔다가 본 아기가 떠올랐다. 아기는 걸음마를 하기 위해 섰다가 뒤로 넘어져 엉엉 울었지만 또다시 일어나 한 발짝 앞으로 발을 내디뎠다. 힘들면 안 해도 될 텐데 아기는 도전을 멈추지 않았다. 기억은 나지 않지만 나도 분명 그런 시절을 거쳐 왔을 것이다. 기어 다니던 아기가 단번에 일어나 혼자 걷는 건 불가능하기 때문이다. 그 과정에서 무수히 넘어졌을 테고, 무릎이 깨지기라도 하면 아프고 서러워 엉엉 울며 엄마를 찾기도 했을 것이다. 하지만 또 언제 그랬냐는 듯 몸을 움직여 어떻게든 혼자 걸어 보려고 노력했으니까 결국 걷는 데 성공하지 않았을까.

그런데 나는 그 기억을 모두 잃어버렸다. 무수히 넘어졌기에 걸을 수 있다는 사실을 망각해 버린 것이다. 그래서일까, 언제부터인가 넘어질까 봐 두렵고, 너무 고통스러울 것 같으면 왠지 피하고 싶고, 상처 입을까 봐 겁이 난다. '좀 넘어지면 어때?'라고 생각하며 씩씩하게 한 발짝 한 발짝 내딛던 용기는 다 어디로 가 버린 걸까? 왜 뭐든 하기도 전에 지레 겁부터 먹게 된 걸까?

아이는 또다시 고개를 젖히기 위해 애쓰고 있었다. 물론 치료사의 말처럼 고개를 완전히 들어 앞을 쳐다볼 수 있는 날이 오지 않을 수 있다. 하지만 분명한 건 아이는 도전을 멈추지 않을 거라는 사실이다. 치료사가 "조금만 더"라고 하면 그에 맞춰 온 힘을 다해 고개를 젖힐 뿐이다. 순간 나 자신이 부끄럽게 느껴졌다.

일본의 소설가 마루야마 겐지는 어떤 상황에 처하든 "최후의 최후까지 스스로의 힘으로 헤쳐 나가려 발버둥 치는 자야말로 진짜 살아 있는 자"라고 말했다. 그리고 한없이 나약하고 일평생 엄살만 부리다가 죽는 사람을 '사이비 산 자'라고 했다. 조금만 힘들어도 불평을 쏟아 내고, 부드러운 말만 듣고 싶어 하고, 사실은 별다른 노력도 하지 않은 채 핑곗거리부터 생각하는 사람은 진짜 살아 있는 게 아니라는 것이다.

그런데 아이를 보면서 나도 어쩌면 '사이비 산 자'가 아닐까 하는 반성을 하게 되었다. 누구나 한두 가지씩 크고 작은 삶의 문제를 갖고 살아가는데 나 혼자 힘든 척, 조금만 힘들어도 투정을 부리고 엄살을 떤 건 아닐까. 그 순간에도 어떻게든 고개를 들어 앞을 보려고 애쓰는 아이를 보며, 그리고 아이에게 "조금만 더"라고 말하는 치료사를 보며 나의 부끄러움은 좀처럼 가실 줄을 몰랐다.

세상에는 다정한
사람이 훨씬 많다

2008년도의 일이다. 서울에서 가장 많은 사람들이 헌혈을 했다는 구로 헌혈의 집을 취재하게 되었다. 헌혈의 집은 크지 않았다. 문진실과 헌혈실, 그리고 가운데 접수를 하고 기다리는 대기 공간으로 구성되어 있었는데 촬영 팀 8명이 있다 보니 안 그래도 협소한 공간이 더 비좁게 느껴졌다. 게다가 '다큐 3일'을 찍을 때 보통은 한 공간에서 쭉 머무는 사람들을 찾아가 만나는 경우가 많았는데 이번 촬영은 그럴 수가 없었다. 헌혈을 하러 잠깐 방문한 사람들을 붙잡고 인터뷰를 해야 하는 상황이다 보니 선택과 집중의 미덕이 필요했다. 한 사람을 마주할 시간이 몇 분밖에 안 되는 경우도 있었다. 겨우 한 사람을 인터뷰하고 다른 대상자를 물색하고 있는데 담당 PD가 다가와 잠깐만 얘기 좀 하자고 했다. 무슨 급한 일인가 싶었지만 그는 대뜸 구석에 나를 앉히고는 헌혈의 집을 찾아오는 사람들을 그냥 지켜보자고 했다.

취재할 시간도 넉넉지 않은데 그냥 앉아서 사람들을 바라보라는 말이 언뜻 이해가 되지 않았다. 저 중에 깊은 사연의 주인공이 있을 수도 있고, 말을 굉장히 잘해서 시청자들에게 감동을 줄 만한 주인공이 있을 수도 있는데 이게 무슨 시간 낭비인가 싶었다. 한 명이라도 더 인터뷰하는 게 맞는데 왜 이러고 있으라는 건지 의문이 들 때쯤 PD가 나에게 물었다.

"왜 압구정이나 홍대가 아닌 구로 헌혈의 집에서 사람들이 가장 많이 헌혈한 걸까?"

"글쎄요, 몇 분 만나 보니 그다지 여유가 없는데도 도와주고 싶은 마음에 오셨다는 분들이 많았어요."

"왜 여유가 없는데 사람을 돕고 싶어졌을까?"

"잘 모르겠네요. 그런데 헌혈을 하고 나가면서 좋은 일을 하고 나니 기분이 참 좋다고 하셨어요."

그 뒤로도 한참 동안 PD는 나에게 질문을 던졌고, 나는 대답하며 헌혈의 집을 찾아온 사람들을 가만히 바라보았다. 그런데 신기하게도 보이지 않던 것들이 보이기 시작했다. 그전까지는 단편적으로 "왜 헌혈을 하러 오셨나요?"라는 질문만 던지기 바빴는데, 가만히 바라보니 헌혈을 하러 온 다양한 이유와 그들의 삶을 어렴풋이 이해할 수 있을 것 같았다. 각자의 삶에서 생긴 결핍, 잊지 못할 도움을 받았던 기억, 헌혈하는 사람이 줄고 있다는 뉴스, 잠깐만 시간 내면 되는데 사람까지 살릴 수 있으니까 오랜만에 좋은 일 하러 왔다는 이야기 등등….

그 후 두 자녀를 자전거에 태우고 온 한 어머니를 만났다. 그녀는 부업까지 해야 하는 상황이라 여유가 없지만 잠깐 시간을 내어 헌혈을 하러 왔다고 했다. 뉴스를 볼 때마다 마음이 답답해져서 잘 보지 않게 된다면서도, 쌍용 해고 노동자들 문제가 잘 해결되었으면 좋겠다는 말을 했다. 누구든지 그들처럼 해고자가 될 수 있다면서.

그녀의 말을 들으며 문득 그런 생각이 들었다. 남을 돕는다는 것은 쉽게 할 수 없는 일이라고, 큰 맘을 먹어야 할 수 있는 일이라고 여겼었는데 헌혈의 집을 찾은 사람들에게 헌혈은 그리 어려운 일이 아니었다. 뭔가 거창하고 특별한 이유가 없어도 충분히 할 수 있는 일이었던 것이다. 《다정한 것이 살아남는다》라는 책을 쓴 브라이언 헤어 교수는 말한다.

"우리는 대부분 고통받는 아이를 보게 되면 마음이 아프다. 배우자와 사별한 동료에게는 위로를 전하려 하며, 투병하는 친척에게는 돌봄의 손길을 주고 싶어 한다. 우리는 모두 한때 낯선 사람이었던 사람들과 친구가 된 적이 있다. 우리에게는 연민과 공감 능력이 있으며, 집단 내 타인에게 친절을 베푸는 능력은 진화를 통해서 획득한 우리 종 고유의 특성이다."

브라이언 헤어 교수는 더 나아가 이렇게 주장한다. 인류는 다정했기에 이제껏 살아남을 수 있었다고. 강한 자만이 살아남을 수 있고 약해지면 도태되는 '적자생존'의 원리가 자연의 이치이고 인간이 사는 사회도 이와 다르지 않다고 배워 온 나에게 그의 말은 굉장히 신선하게 다가왔다. 헌혈의 집을 찾는 게 별일 아닌 듯 얘기했던, 누구든지 해고자가 될 수 있으니 쌍용 해고 노동자들 문제가 남 일 같지 않다는 어머니를 봤을 때 어렴풋이 들었던 생각이 글로 잘 정리된 듯했기 때문이다.

만약 그때 담당 PD가 나를 부르지 않았다면 나는 헌혈을 하는 감동적이고 아주 특별한 이유를 찾아 헤맸을 것이다. 그래야만 프로그램이 더 빛날 것이라고 생각하면서. 하지만 남을 돕는 다정함이 인간이 가진 고유의 특성이라면 헌혈의 집을 찾는 이유 또한 특별하지 않아야 옳다. 다행히 나는 헌혈의 집에서 만난 어머니에게서 그것을 발견했다.

"우리는 집단 내 타인을 위해서 기꺼이 돌봄을 제공하고 유대를 맺으며 심지어 자신을 희생하기도 한다. 현대인의 삶은 이 능력이 주도한다고 볼 수 있다. 우리는 모르는 사람들에 둘러싸여 살아가지만 그들을 그냥 참고 견뎌 주는 정도가 아니라 적극적으로 서로를 돕는다. 장기를 기증하는 큰 친절도, 누군가 길 건너는 것을 도와주는 작은 친절도 이 유형의 친화력에서 비롯된 행동이다."

브라이언 헤어 교수의 말이다. 고백하건대 나는 '다큐 3일'을 하기 전에는 적자생존이라는 논리에 길들여져 가고 있었다. 타인을 경쟁에서 이겨야 하는 상대로 보기도 했었고 착하면 호구가 될 뿐이라는 말도 새겨듣곤 했다. 그런데 이 일을 하면서 참 많은 사람들을 만났는데 그들은 대부분 다정했다. 물론 나에게 상처를 주고, 나를 이용하려는 사람도 만났지만 아주 소수였다. 덕분에 나는 낯선 타인도 열린 마음으로 바라볼 수 있게 되었고 나도 누군가에게 다정한 사람이 될 수 있기를 바라게 되었다.

그래서 내게 아직도 세상을 모른다며 적자생존의 논리를 펴려는 사람을 만나면 당당하게 말한다.

"저는 15년간 다양한 공간에서 많은 사람을 만났어요. 당신이 생각하는 것보다 더 많은 사람을 만났죠. 그래서 자신 있게 얘기할 수 있어요. 세상에는 다정한 사람이 훨씬 많아요."

후암동 삼광초등학교 후문 앞에는 40년을 이어 온 문방구가 있었다. 젊은 시절 삭은 자본으로 시작한 문방구에서 남편과 아내는 매일같이 아이들을 맞이했다. 그중에는 주머니 사정으로 군것질거리를 쳐다만 보는 아이도, 전학 온 지 얼마 안 돼 친구가 없는 아이도 있었다. 부부는 그런 아이들이 손주처럼 느껴져 왕따를 당해 울먹이는 아이는 말없이 안아 주었고, 점심으로 밥에 김치찌개를 먹고 있는데 쪼르르 와서는 자기도 달라는 아이에게는 기꺼이 숟가락을 내주었다.

그렇게 후암동의 한 초등학교 앞을 묵묵히 지켜 오다 보니 어느새 남편은 할아버지가, 아내는 할머니가 되었다. 그런데 어느 날 할아버지가 심장 마비로 죽고 할머니는 혼자가 되었다. 남편의 빈자리가 너무 크게 느껴졌던 할머니는 슬픔에 잠겨 이제 그만 가게 문을 닫을까 고민했지만 아이들이 삐뚤빼뚤 남긴 쪽지들을 보고 마음을 다잡았다. '할머니, 너무 힘들어하지 마시고 언제나 힘내세요', '할머니, 제가 문방구 많이 올게요', '슬퍼하지 마시고 힘내세요'.

다시 힘을 내어 혼자 문방구를 지켜 온 지 2년, 아직도 할머니에게 남편의 빈자리는 많이 커 보였다. 문득 삼광초등학교 아이들에게도 할아버지의 빈자리가 느껴질지 궁금해서 아이들을 만나 물어보았다.

할아버지가 돌아가셨을 당시 아이들은 모두 '오늘은 문방구를 쉽니다'라는 표지판을 보고 깜짝 놀랐다고 했다. 처음엔 잠깐 자리를 비운 줄 알았는데 계속 없으니까 슬펐고, 다시 볼 수 없다고 생각하니 마음이 아팠다고 했다. 모두 할아버지와의 자잘한 추억을 하나씩은 가지고 있었기 때문이다. 한 아이는 자기가 뭘 떨어뜨렸는데 할아버지가 주워 줬다고 했고, 다른 아이는 감기에 걸렸을 때 할아버지가 진심으로 걱정해 줬다고 했다. 할아버지가 뛰다가 넘어진 자신을 일으켜서 밴드를 붙여 줬다는 아이도 있었다. 어떤 아이에게는 난생처음 겪은, 아는 사람의 '죽음'일 터라 과연 그것을 어떻게 받아들이고 있을지 궁금했다. 그래서 아이들에게 어려울지도 모를 질문을 던져 보았다.

"죽음이 어떤 의미로 느껴져요?"

"이 세상 일을 다한 거요. 자기가 할 일을 다한 거요."

"할아버지는 그 '할 몫'을 다하고 떠나셨을까요?"

"네, 충분히 다하셨어요."

사실, 큰 기대 없이 건넨 질문이었는데 아이의 말을 듣자 울컥 눈물이 올라왔다. 한 문장이었지만 명확히 삶의 의미를 관통하고 있는 것만 같았다. 나는 죽을 때 내 할 몫을 다하고 떠날 수 있을까. 누군가가 나에게 할 일을 다하고 갔다고 해 줄 수 있을까. 하늘로 돌아가는 날, 나는 과연 어떤 생각을 하게 될까.

PS 할머니는 코로나가 유행하면서 더 이상 문방구를 할 수 없게 되어 2020년 8월 25일을 끝으로 가게 문을 닫았다. 할머니는 끝까지 아이들과 헤어지는 게 너무 슬프다며 눈물을 보였고, 전화번호를 남겨 둘 테니 보고 싶으면 전화하라고 했다. 문방구는 사라져도 아이들 마음에 그들의 자리는 늘 따스하게 남아 있을 것 같다.

chapter 2

사람이 온다는 건
그의 일생이 오는 것이다

사람이 사람에게 할 수 있는
가장 잔인한 일

　그날도 출장 중이었다. 지방 낯선 모텔 방에 누워 복도에서 나는 작은 발소리에도 깨어나기를 몇 차례, 그러다 설핏 잠이 들었던 것 같다. 새벽에 휴대폰이 울렸다. 낯선 번호이기에 받지 않으려고 했는데 휴대폰 진동이 멈출 줄을 몰랐다. 누가 전화했는지 모르고 지나가면 마음이 찝찝할 것 같아 전화를 받았더니 한 중년 남성의 격앙된 목소리가 흘러나왔다.

　박 기자님이냐고, 자신을 기억하냐고, 몇 년 전 충무로 인쇄 골목을 촬영할 때 인터뷰했던 모 사장이라고. 자신이 지금 억울한 일을 당해서 어디에 하소연할 데가 없는데 자신의 말을 잘 들어 주던 내가 생각이 났다고, 그때 명함을 받은 기억이 나서 가게 안을 샅샅이 뒤져 겨우 명함을 찾아 전화하는 거라고 했다.

솔직히 목소리만으로는 누구인지 기억이 나질 않았다. 충무로 인쇄 골목을 취재할 때 내가 만난 사람들만 해도 족히 20~30명은 되다 보니 3일 내내 붙어 있던 몇몇 사람들 외에는 사실 기억하기가 힘들었다. 그러나 너무나 절박한 목소리였기에 '당신이 기억나질 않는다'는 말은 차마 할 수 없었다.

그는 친한 지인한테 사기를 당했다고 했다. 본인에겐 전부인 거액이 한순간에 사라졌는데 경찰도 변호사도 다시 찾기 힘들다는 말만 한다면서 어떻게 이럴 수가 있느냐고, 방송국 일을 하니까 이 억울한 사연을 방송에 내보내 자신을 좀 도와주면 안 되겠냐고 했다. 사연은 너무 딱한데 내가 할 수 있는 일이 없었다.

"사장님 죄송해요. 저는 그럴 힘이 없어요. 죄송합니다. 도와 드릴 수가 없어요."

그러자 그는 나에게 그때 그렇게 자신의 얘기를 잘 들어 주지 않았냐고, 누구도 그렇게 자신의 생을 궁금해한 사람이 없었다고, 기자님이라면 자신을 도와줄 것 같아서 전화한 거라고, 제발 끊지 말고 자신의 이야기 좀 들어 달라고 했다.

그가 술에 취한 상태였는지, 아니면 모든 게 무너진 상황에서 제정신을 차리기가 힘들었는지 그것은 나도 모른다. 하지만 어쨌든 그는 나의 거듭되는 거절에도 아랑곳하지 않고 전화기를 붙들고는 계속해서 억울하다고, 힘들다고, 자신을 좀 도와 달라는 말만 반복했다. 나는 차마 전화를 끊지 못한 채 모텔 방에 앉아 그의 이야기를 들었다.

그렇게 몇 시간쯤 지났을까. 지친 그는 결국 이렇게라도 전화를 할 수밖에 없었던 자신을 이해해 달라며 긴 통화를 마무리했다. 곧 해가 뜰 테고 카메라를 들고 또다시 누군가를 만나러 가려면 조금이라도 눈을 붙여야 하는 상황이었지만 도저히 잠이 오지 않았다.

가게 안을 뒤져 명함을 찾고 나한테 전화하기까지 그는 무슨 생각을 했을까. 경찰도 변호사도 자신의 이야기를 들어 주지 않는다고, 제발 자기 이야기를 들어 달라고, 전화를 끊지 말아 달라는 그의 말이 내내 마음에 남았다. 그리고 인생의 가장 절망스러운 순간에 자신을 기억도 하지 못하는 사람에게 의지하려 했던 한 인간의 고독함이 나를 슬프게 만들었다. 만약 내가 그 입장이 된다면 누가 나의 이야기를 들어 줄 수 있을까.

2019년 울산 3인 자살 미수 사건 재판에서 따뜻한 판결문으로 세상에 울림을 전했던 박주영 판사. 그는 '유 퀴즈 온 더 블럭(이하 '유 퀴즈')'에 출연해 이렇게 말했다.

"혼자선 안 되겠다고 생각해서 한 피고인이 SNS에서 같이 자살을 할 사람들을 모집했다. 3명이 모여서 울산의 여관방에서 자살 시도를 했다. 그중 한 친구가 마음을 고쳐먹고 다른 사람들을 깨워서 다행히 미수에 그쳤다. 한 사람은 의식 불명에 빠져 응급실에 실려 갔다가 도망가고, 두 명만 기소돼서 왔다. 그런데 공소장을 읽어 보는데 가슴이 덜컥 내려앉더라. 나이를 보니까 20대 후반, 30대 초반이었다. 보통은 집행 유예로 석방되는 사안인데 이렇게 그냥 석방했다가는 또 나가서 자살을 시도할 가능성이 농후해 보여서 고민하다 어떻게든 삶의 의지가 될 만한 얘기를 해 주고 싶어 판결문을 다르게 쓰게 되었다."

다음은 그가 쓴 판결문의 일부이다.

"밖에서 보기에 별것 없어 보이는 사소한 이유들이 삶을 포기하게 만들 듯 보잘것없는 작은 것들이 또 누군가를 살아 있게 만든다. 어스름한 미명과 노을이 아름다워서, 누군가 내민 손이 고마워서, 모두가 떠나도 끝까지 곁을 지켜 준 사람에게 미안해서, 지금껏 버텨 온 자신이 불쌍하고 대견해서 우리는 살아가고 있는지 모른다.

비록 하찮아 보일지라도 생의 기로에 선 누군가를 살릴 수 있는 최소한의 대책은 그저 눈길을 주고 귀 기울여 그의 얘기를 들어 주는 것이 아닐까. 사람이 사람에게 할 수 있는 가장 잔인한 일은 혼잣말하도록 내버려 두는 것이다."

나는 판결문을 다시 한번 읽으며 그날 새벽을 떠올렸다. 그때 인쇄소 사장의 전화를 받길 잘했다고 생각하면서.

사람이 온다는 건
그의 일생이 오는 것이다

'다큐 3일' 방송을 위해 명동 거리를 취재할 때의 일이다. 땅값 비싼 명동에만 있는 특별한 구조의 공간이 있었다. 빌딩과 빌딩, 건물과 건물 사이의 틈새 공간을 가게 터로 활용하는 것. 내가 찾은 그 가게도 그런 구조의 공간이었다.

지나가다 처음 봤을 때는 그냥 건물과 건물 틈새에 가판대를 차려 놓고 장사를 하는 줄 알았다. 그런데 가게 사장은 밖에 보이는 게 다가 아니라고, 진짜는 이 안에 있다고 말했다. 그러면서 나를 가판대 안쪽 비밀 통로로 초대했다. 건물 틈 사이 좁은 공간에 뭐가 있을지 전혀 예상이 안 되었기에 나는 얼른 카메라를 들고 그녀를 쫓아갔다. 들어가 보니 통로의 폭은 겨우 한 사람이 지나갈 수 있을 정도로 좁았고 양쪽이 벽으로 막혀 있어 햇볕이 들지 않는 탓에 낮인데도 어두웠다.

한참 그녀의 등을 보며 따라 들어가니 낡은 목조 사다리가 보였다. 사다리 위 세상은 그야말로 놀라웠다. 여기에 무슨 공간이 있을까 싶었는데 거기서 잠도 잘 수 있다고 하고, 그 옆 작은 공간에서는 세수도 하고 식사도 한다고 했다. 좁은 공간이지만 그릇과 접시, 세면도구, 가스레인지 등 살림에 필요한 최소한의 것들이 살뜰하게 준비되어 있었다. 사람 많은 명동 거리, 화려한 건물들 사이에 이런 삶의 역사가 흐르고 있을 거라고 누가 상상이나 했을까.

신기한 마음으로 사다리 위 세상을 구경하다 보니 문득 만화 '피너츠'의 주인공인 스누피의 집이 떠올랐다. 알다시피 스누피는 빨간 집에 사는데 그 집 안이 공개된 것은 내 기억에 딱 한 번이었다. 스누피가 집 안으로 들어서자 일단 계단이 나왔다. 계단을 따라 내려가자 각종 트로피와 스포츠 도구들, 캐비닛이 있는 거실이 보이고 마법 연구를 위해 마련된 연구실과 여러 방들이 있었다. 심지어 그곳에는 스누피가 여가를 즐길 수 있도록 텔레비전을 비롯해 탁구대, 당구대까지도 설치돼 있었다. 스누피의 펄럭거리는 귀를 따라 집 안 곳곳이 하나씩 보여질 때마다 나는 왠지 짜릿하고 통쾌했다. '그래 봤자 개 집'이라는 사람들의 통념을 보란 듯이 뒤엎은 너무나 멋진 공간이었기 때문이다.

그녀가 보여 준 사다리 위 세상도 그랬다. 어떻게 이런 공간이 있을 수 있을까. 내가 사람들에게 명동에 이런 곳이 있다고 아무리 설명해도 아무도 믿어 주지 않을 것 같았다.

그런데 그것이 끝이 아니었다. 그녀는 이곳 지하에서 어릴 때 부모님과 같이 살았던 얘기를 들려주었다. 통행 금지 시절이어서 밤이면 이 좁은 공간 안에서 화로에 밥도 지어 먹고 똘똘 뭉쳐 지냈다며 남들은 해 보지 못한 소중한 추억들이 많다고 했다. 열아홉 살 때부터 부모님을 도와 일을 시작한 그녀가 처음 남편을 만난 곳도 바로 이곳이었다.

그는 매일 4시만 되면 찾아오는 손님이었다고 한다. 그는 늘 그 시간이면 와서 그녀에게 '안녕하세요'라고 인사를 건넸다. 그녀는 1년쯤 지나니 어느덧 4시만 되면 그를 기다리고 있는 자신을 발견하게 되었다. 그래서 자연스럽게 가까워지게 되었고 결국 그와 결혼까지 하게 되었다.

처음에는 어떻게 이 틈새에서 장사를 했을까 신기했다. 그런데 그뿐만 아니라 그 안에서 생활을 했다고 해서 따라 들어가 봤더니 그 통로 깊숙이 살림살이가 있었고 그 세월이 무려 30년이었다. 무엇보다 그 공간이 빛났던 이유는 그녀가 그곳에서 보낸 시간과 삶을 긍정했기 때문이다. 남들이 보면 말이 안 된다고 할 수도 있는 공간에서 장사를 하고 있지만 그녀는 명동 거리의 지난 역사를 꿰뚫고 있으며 그 발전을 함께해 온 사람으로서 무한한 자부심을 가지고 있었다.

만약 내가 방송 때문에 취재를 하지 않았더라면 나는 그녀를 만나지 못했을 테고, 그랬다면 건물과 건물 사이 통로에 숨어 있는 놀라운 공간을 보지 못했을 테고, 그랬다면 나에게 그녀는 그냥 명동 거리에 있는 수많은 상인 중 한 명으로 남았을 것이다.

하지만 그녀를 취재한 후 명동 거리는 나에게 그 전과 다르게 다가왔다. 건물과 건물 사이의 통로를 보면 여기에는 또 어떤 이야기가 숨어 있을까 궁금했고, 예전 같으면 스쳐 지나갔을 상인들을 볼 때도 이 사람은 또 어떤 역사와 비밀을 가지고 있을지 궁금해졌다.

사람이 온다는 건
실은 어마어마한 일이다.
그는
그의 과거와
현재와
그리고
그의 미래와 함께 오기 때문이다.
한 사람의 일생이 오기 때문이다.
부서지기 쉬운
그래서 부서지기도 했을
마음이 오는 것이다 ─ 그 갈피를
아마 바람은 더듬어볼 수 있을
마음,
내 마음이 그런 바람을 흉내낸다면
필경 환대가 될 것이다.

너무도 유명한 정현종의 '방문객'이라는 시다. 취재를 하면서 사람들을 만날 때마다 "사람이 온다는 건 실은 어마어마한 일이다"라는 말을 떠올린다. 명동 거리에서 그녀를 만나기 전까지만 해도 나는 조그만 가판대에서 이런저런 잡동사니를 파는 한 여자에게 그런 역사가 숨어 있을지 미처 몰랐었다. 그러니 인연이라는 건 얼마나 놀랍고 신기한가.

그래서 나는 사람을 만날 때마다 그에게 담겨 있을 과거와 현재, 그리고 그의 미래가 궁금해진다. 이번엔 또 얼마나 어마어마한 역사를 가지고 와서 나를 놀라게 만들까. 그래서 어떤 사람이든 그가 내게 걸어오면 그의 일생이 온다는 사실을 잊지 않으려 한다.

"언니, 우리
운명인가 봐요!"

얼마 전 갑자기 며칠 여유가 생겨서 계획 없이 제주도로 여행을 갔을 때였다. 동쪽 바닷길을 따라 걷다가 문득 친하게 지내던 한 후배가 생각났다. 그녀는 몇 년간 시사 교양 프로그램 서브 작가로 일하다가 그 삶에 브레이크를 걸고 무작정 제주도로 내려갔다. 그러곤 한 게스트하우스에서 스태프로 일하며 정착을 하게 되었다.

그러나 시간이 지날수록 방송 일에 미련을 느낀 그녀는 제주도의 삶을 정리하고 서울로 올라와 다시 방송 작가로 복귀했다. 그 과정은 그녀에게 쉽지 않은 여정이었고 변화의 단계마다 큰 용기를 필요로 했다.

사실 사회에서 만난 인연은 같이 일을 하지 않게 되면 자연스럽게 소원해지고 그러다 보면 연락을 하는 것조차 어색해질 때가 있다. 그 후배와도 어쩌다 보니 연락을 안 한 지가 벌써 5년이 되어 갔다. 그런데 제주도에서 그녀를 떠올리게 된 건 그녀가 제주도에 머물 당시 살았던 곳이 마침 걷고 있던 바다 근처였기 때문일 것이다. 그렇게 그녀에 대해 생각하며 마을 쪽으로 발걸음을 옮기는데 저 멀리서 한 여성이 여행 가방을 끌면서 걸어오고 있는 게 보였다. 여행 온 사람인가 보다 하며 지나쳐 가려는데 세상에, 그 후배가 아닌가. 서울도 아닌 제주도의 어느 골목에서 이렇게 마주칠 줄이야.

"언니, 우리 운명인가 봐요!"

후배는 3년간 스태프로 일을 도왔던 게스트하우스 주인으로부터 "서울에 볼 일이 있어서 그러는데 며칠만 내려와 봐 달라"는 부탁을 받고 오는 길이라고 했다. 사실은 어제 비행기였는데 사정이 있어 오늘로 옮겼고, 늘 바닷길로 걸어오는 편인데 오늘따라 골목길을 걷고 싶어 이 길로 왔다고 했다. 그러면서 "얼마나 많은 우연이 겹쳐서 우리가 만나게 된 건지 모르겠다"고 했다. 나도 그런 생각이 들었다. 갑자기 제주도로 오게 된 건 어쩌면 그녀를 만나기 위해서가 아닐까.

우리는 그날 밤 그 후배가 머무는 게스트하우스에서 다시 만났다. 제주의 옛집들이 가진 매력을 잘 살려 꾸며 놓은 게스트하우스에서 그녀는 주인처럼 익숙하게 음식을 내왔고 고양이 밥을 챙겼다. 방송 일을 하는 모습만 기억하고 있었던지라 그녀의 그런 모습들은 내게 낯설지만 매우 신선하게 다가왔다.

그녀가 차려 준 음식과 맥주를 마시며 우리는 몇 년간 쌓인 이야기를 나누었다. 문득 창밖으로 제주도 바다가 보이는 곳에서 우리가 좋아하던 것들에 대해 이야기를 나누는 그 순간이 비현실적으로 느껴졌다.

그녀는 말했다. 제주도에서 3년 살고 다시 서울로 올라가 방송일에 복귀하려고 하니까 자리 잡는 게 녹록지 않았다고. 비슷한 시기에 시작했던 다른 이들이 꾸준히 방송 일을 하며 차근차근 경력을 쌓을 동안 자신은 딱히 경력이 될 만한 일을 한 적이 없어 이력서를 쓰며 마음이 씁쓸했고 사실 후회도 했다고 한다. 제주도에 내려오지 않고 서울에서 꾸준히 커리어를 쌓았다면 방송 작가로서 어느 정도 자리를 잡지 않았겠느냐고.

하루는 제주도에서 맺은 인연들과 술을 마시다 우연히 그런 속이야기를 털어놓게 되었는데 가만히 듣고 있던 제주도 친구들이 이렇게 말했다고 한다.

"우리에게 3년은 너를 만나서 행복한 시간으로 남아 있는데 너에게는 후회의 시간이었다고 하니 조금 슬프다."

그 말에 후배는 왈칵 하고 눈물을 터트렸고 친구들도 그 자리에서 그렇게 울었다고 한다. 그 일을 계기로 후배는 깨달았다. 제주도에 내려와서 포기할 수밖에 없는 것들도 있었지만 반면 그로인해 자신을 아껴 주는 소중한 사람들을 만났고 제주도에서의 삶도 얻었다는 사실을 말이다. 그녀는 다시 8년 전으로 돌아간다 해도 제주도에 내려왔을 거라며 더는 그 선택을 후회하지 않을 것이라고 말했다.

제주도 친구들이 아는 내 후배는 어떤 프로그램을 하는, 어느 방송국 일을 하는 작가 누구누구가 아닌, 틈나면 바다에 가서 앉아 있기를 즐기고 김광석의 노래와 백석의 시를 좋아하며 동네 고양이 밥을 잘 챙길 줄 아는 사람이었다. 세상의 잣대로만 보자면 잘 보이려고 노력할 필요가 없는 사람인데도 그들은 내 후배를 진심으로 아꼈다.

그럴 듯한 명함이 없어도 나를 있는 그대로 아껴 주는 사람들을 만나는 것, 그것이 얼마나 어려운 일인지는 사회 생활을 시작한 후에 알게 되었다. 그런데 후배는 제주도에 있는 3년 동안 "너를 만나 행복했다"고 말하는 사람들을 얻은 것이다. 그래서 나는 그녀가 진심으로 부러웠다. 그저 존재하는 모습 그대로 타인에게 받아들여지는 경험이 그 어떤 성취 못지않다는 생각이 들었기 때문이다.

물론 그로 인해 방송 작가로서의 길은 조금 돌아가게 되었다. 하지만 몇 년의 커리어와 비교할 수 없는 인연들이 곁에 있다는 걸 알게 된 그녀는 더는 다른 이와 비교하지 않고 자신만의 속도로 나아갈 거라고 말했다.

일하다 보면 사람을 만날 때 자신에게 이익이 될지부터 빠르게 판단하는 이들을 종종 만나게 된다. 나의 경우 그런 순간을 목격하는 건 대부분 명함을 건넬 때였다. 내가 어떤 프로그램을 하고 있다고 밝히면 그들의 태도가 달라지는 것을 보며 쓸쓸하다는 생각이 들곤 했지만 한편으로는 명함이 없어도 나를 좋아해 주는 사람이 있을까 자신 없어지기도 했다. 그래서인지 점점 사람을 얻는 게 참 쉽지 않다는 생각을 하게 됐었다.

작년 겨울 친구하고 술을 한잔할 때였다. 추운 날씨 탓인지 그날따라 빨리 취했던 나는 친구에게 그런 말을 했다. '프로그램이 사라지고 나를 찾아 주는 데가 없어지면 어떡하지'라는 생각을 가끔 한다고. 그런데 내 말이 다 끝나기도 전에 친구는 "내가 매일 밥 사 줄게"라고 했다. 단 1초도 고민하지 않고 너무나 단호하게. 마치 이렇게 말하는 것 같았다.

'그런 걸로 걱정하지 말라고. 내가 곁에 있으니까.'

친구의 진심을 들은 나는 고마운 마음에 울컥했다. 이 친구처럼 내게는 명함이 없어도 나를 좋아해 주는 몇몇의 친구들이 있다. 그리고 나이가 들어 갈수록 그들이 있어 참 다행이고 든든하다는 생각이 든다.

이런 이야기를 나누는 동안 후배에게 전화가 걸려 왔다. 제주도에서 알게 된 카레집 사장인데 내일 괜찮으면 와서 아르바이트하지 않겠냐는 연락이었다. 그녀는 그렇게 서울, 또 제주도에서 삶을 이어 나가고 있었다.

엄마라는
이름에 대하여

삼천포 수산 시장에 촬영차 들렀을 때였다. 어떻게든 한 명이라도 붙잡아 보려고 애를 쓰는 아주머니들의 걸쭉한 사투리 속에 억세게 살아온 치열함이 느껴졌다.

그중에서도 괜히 마음이 가는 한 아주머니가 있었다. 처음엔 무뚝뚝한 인상이라 다가가기 쉽지 않았는데 이상하게 그녀가 굳은 표정으로 나를 어색해할수록 왠지 더 다가가고 싶었다. 아주머니 혼자 밥을 먹고 있으면 나도 카메라를 내려놓고 바닷물로 축축한 바닥에서 같이 밥을 먹고, 슬쩍 팔도 한번 껴 보고 하면서.

그러자 아주머니는 어느 순간부터인가 나에게 자신의 이야기를 털어놓기 시작했다. 속을 썩이던 남편은 어느 날 기어이 어린 아이들을 두고 집을 나가 버렸다. 혼자서 어린 남매를 어떻게 키울까 막막하던 차에 친척이 삼천포 시장에서 일 한번 해 볼 생각이 없느냐고 물었고, 그 길로 이곳으로 왔다. 시장은 새벽부터 밤늦게까지 정신없이 돌아갔고, 아주머니는 그 속에서 살아남기 위해 최선을 다했다. 하지만 엄마를 시장에 뺏긴 채 알아서 스스로를 챙겨야 했던 어린 남매는 그런 엄마의 마음을 헤아려 주지 않았다. 남매가 엄마에 대해 느끼는 서운한 마음은 점점 커져만 갔고 그렇게 서서히 멀어져 갔다. 아주머니가 낡은 장부를 꺼내 보여 주는데 그 안에는 하루도 거르지 않고 써 내려간 외상 내역이 서툰 한글로 기록되어 있었다.

"나중에 내가 죽어도 아이들이 이 장부를 보게 되면 그때는 알수 있을 거야. 이 어미가 어떻게 살아왔는지…. 난 유언 같은 건 따로 없이 이것 하나 남기고 갈 거야. 아이 아빠 떠나고 난 후 내 삶은 이 장부에 적힌 게 전부니까."

자식들에 대한 서운한 속마음을 내비친 게 불편했는지 아주머니는 점포 뒤편의 비닐을 올려 바다 쪽 통로로 나갔다. 따라 나갈까 그냥 혼자 시간을 보내게 해야 하나 고민하다 조심스레 따라나가 보았다. 아주머니는 바다를 보고 있었다.

"내가 사실 얼마 전에 허리를 크게 다쳐서 갑자기 응급실로 가게 됐어. 의사가 내 상태를 보더니 바로 수술을 해야 한다고 하더라고. 마취약 때문인지 정신이 없어지고 눈앞이 깜깜해지는데 그냥 딱 이렇게 사람이 죽는구나 겁이 났어. 급하게 침대에 누운 채로 수술실로 들어가게 됐는데 문이 닫히려는 순간에 '엄마'라고 외치는 딸의 목소리가 들리는 거야. 내가 엄마라는 소리를 내내 못 듣고 살았거든. 아, 그래도 내가 우리 아이 엄마 맞구나, 나를 엄마로 여기고 있었구나. 그 순간에 내 한이 풀리는 것 같았어. 내가 그 '엄마'라는 소리를 붙잡고 다시 깬 것 같아. 아직도 그 소리가 맴돌아, 여기 마음에서…."

청량리역 앞 시장에 있는 조그마한 꽃집, 그곳에는 60년 전 완도에서 무일푼으로 상경해 지금껏 살아온 노부부가 있었다. 그들이 고향을 떠나 서울에 정착하는 건 쉽지 않았다. 밀가루 한 포대 살 돈도 없어서 돈이 되는 일이라면 가리지 않고 무엇이든 했다. 하루 종일 한 끼만 먹고 버티다 보니 밤에 집으로 들어가면 배가 고파 잠이 오지 않았다. 그럴 때면 물을 벌컥벌컥 들이켜 물배를 채우고는 다시 잠을 청해야만 했다. 그 시간이 어찌 고되지 않았겠는가. 하지만 자식들한테 절대로 가난은 물려주고 싶지 않아서 악착같이 일했다.

피땀 흘려 모은 돈으로 시장에 꽃집을 열었고, 부지런히 일해서 아이들 뒷바라지를 했다. 하지만 대학을 졸업한 막둥이가 어느 날 병에 걸렸고, 안타깝게도 먼저 떠나보내야만 했다. 자식을 잃은 부부는 하늘이 무너져 내리는 것 같았지만 잠시도 쉬고 있을 순 없었다. 남아 있는 자식들 먹여 살리느라 슬픔은 깊숙이 묻어두어야만 했다. 할아버지는 그래도 막둥이가 늘 눈앞에 어른거린다고, 특히 가게 통유리 앞에 멍하니 앉아 쉴 때마다 생각이 가시질 않는다고 했다.

그렇게 아들을 잃은 큰 슬픔을 눌러 가며 하루도 가게를 비우지 않았던 노부부의 사연을 들으며 생각해 봤다. 왜 부모들은 아이들에게 절대로 가난만큼은 물려주고 싶지 않다고 하는 걸까. 집에 돌아와 어머니에게 그 이야기를 꺼냈더니 어머니는 그랬다.

"고통을 아니깐."

가난한 설움이 얼마나 큰지 아니까 자식은 그 고통을 겪지 않기를 바라는 것이라 했다. 생각해 보면 어머니도 갑자기 아버지가 돌아가시는 바람에 집안 생계를 책임지기 위해 보험 일을 한 적이 있었다. 그런데 어머니가 생활비 걱정에 점심도 굶어 가며 일했다는 사실은 미처 몰랐었다. 그때 어머니의 마음은 어땠을까. 철없는 딸이 이것 사 달라, 저것 사 달라 했을 때 어머니의 마음은 또 얼마나 미어졌을까.

2012년 마을 공동체 사업으로 함께 떡을 팔고 있는 양양 송천 떡마을을 취재했을 때의 일이다. 그곳에선 새벽마다 15명의 마을 주민들이 모여 같이 떡을 만들었다. 마을이 산골에 위치한 까닭에 논밭이 적어 농사만으로 삶을 영위하기 힘들었던 동네에서 먹고 살 길이 막막했던 사람들이 하나둘 떡을 빚어 팔기 시작했고, 그 일이 지금까지 이어져 마을의 주요한 수입원이 되었다. 떡을 팔아 생긴 매출 중 90%는 15명이 똑같이 나눠 갖고 10%는 떡을 만들지 않는 마을 사람들에게 골고루 나눠 줬다. 떡을 만들지 않는 주민들도 떡 만드는 아주머니들 덕에 돈을 벌 수 있는 셈이다.

떡 빚는 손이 야무져 보였던 한 사람의 퇴근길을 따라가 보았다. 밤새 떡을 만들어 피곤할 텐데도 그녀는 바로 아침 준비를 했다. 그동안 그녀의 어머니는 구부러진 허리를 하고서도 부지런히 밭을 돌보았다. 잠시 후 칠십이 다 되어 가는 딸과 구십이 넘은 어머니의 단출한 아침 식사가 시작됐다. 아버지는 딸이 어릴 적 이북으로 건너갔고, 스물한 살에 혼자가 된 어머니는 나물 판 돈으로 딸을 먹여 살려야만 했다.

아침밥을 먹자마자 허리 한 번 못 펴고 마당에 펼쳐 놓은 돗자리 위에 나물을 말리는 두 모녀. 그러다 잠시 쉬는 시간, 어머니의 주름진 얼굴을 한참 바라보던 딸이 마음 깊이 숨겨 두었던 속내를 털어놓았다.

"어렸을 때 어머니가 날 두고 도망갈까 봐 그렇게 어머니 꽁무니를 쫓아다녔어요. 마을 할머니들이 '저까짓 애를 뭐 하러 데리고 사냐'고 계속 그랬거든."

"어머니께서 많이 고우셨어요?"

"아휴 예뻤어요. 내가 국민학교 다닐 때 운동회를 했는데 우리 어머니가 남색 치마에 연분홍 저고리 입고 와서 얼마나 기분이 좋았던지. 난 우리 어머니가 맨날 일만 하는 사람인 줄 알았거든요. 그러다 어머니가 시집간다고 했을 때 내가 얼마나 울었는지 몰라. 지금도 그 생각만 하면 눈물이 비 오듯 해요. 어머니가 날 버리고 가면 나는 어찌 살까 싶었거든요. 결국 나 때문에 시집을 못 갔어요. 그런데 이제 와서 생각을 해 보니까 어머니 청춘을 내가 다 뺏은 것 같아. 저렇게 허리가 구부러진 할머니가 되도록 효도도 잘 못 하고. 이제는 일 좀 쉬엄쉬엄하라고 해도 또 저렇게 일을 하고. 지금도 사랑으로 나를….”

딸의 마음을 아는지 어머니는 먼 곳을 보며 상념에 잠겨 있었다. 어머니는 그때 어떤 순간을 떠올리고 있었을까. 그날 저녁 집으로 돌아오는 내내 어머니의 청춘을 뺏었다는 말이 마음에 남았다. 우리 어머니도 분명 꽃다운 어린 소녀였을 텐데, 그리고 아주 예쁜 스무 살이었을 텐데, 나는 왜 그 시절 어머니에 대해 아는 게 아무것도 없는 걸까. 다른 사람들은 잘만 인터뷰하면서 왜 어머니한테는 그런 질문을 해 본 적이 없는 걸까.

문득 그런 생각으로 그날 저녁 집에 가서 어머니를 물끄러미 바라보았다. 내가 지치고 아플 때 당연한 듯 곁을 지켜 왔던 어머니가 아닌 ○○○라는 이름을 가진 한 여자가 거기 있었다. 나는 왜 그걸 이제야 깨달았을까.

부산 시내에서 마을버스를 타고 수정산의 가파른 언덕배기를 한참 올라가다 보면 '길 없음'이라는 이정표가 있는 곳에 위치한 안창 마을. 버스에서 내리면 도로 좌우로 좁은 골목과 계단들이 거미줄처럼 엉켜 있고, 산비탈에 층층이 자리 잡은 집들이 한눈에 들어온다. 한국 전쟁 당시 갈 곳 없는 피난민들이 하나둘씩 모여 무허가 판잣집을 짓고 살면서 만들어진 판자촌이다 보니 그곳에서 지낸 사람들의 세월만큼 나이 든 오래된 집들이 많다.

경사가 너무 심해서 어떻게 저 높은 곳에 집을 지었을까 싶지만 멀쩡하던 집이 사고로 불에 타 버려서, 하루아침에 장사가 망해서, 너무 가난해서 갈 데가 없는 사람들에게 안창 마을은 자신들을 받아 준 너무나 고마운 동네였다. 고만고만한 형편이어도 하나씩 살림 늘려 가는 재미로 살아온 사람들. 그 시절 낑낑거리며 산 끝까지 가져다 나른 살림들이 이젠 제 할 일을 다한 듯 곳곳에 놓여 있었다. 그렇게 좁은 골목과 낮은 지붕 아래에는 고단하지만 성실했던 사람들의 세월이 담겨 있었다.

내가 만난 정한문 할머니의 집은 마을에서도 끝자락인 산꼭대기에 있었다. 할머니는 어릴 때부터 시골에서도 산동네에만 살았다고 한다. 하지만 8남매를 공부시키려고 하다 보니 어쩔 수 없이 큰 도시인 부산으로 나오게 되었고, 형편에 맞게 움직이다 보니 안창 마을에 터를 잡게 되었다. 그 후 할머니는 매일같이 부산 시내로 나가 국밥 장사를 해서 병든 남편과 아이들을 먹여 살렸다. 환갑이 지나 이제 좀 편해질까 싶었을 때 불현듯 녹내장이 왔고 그만 시력을 잃고 말았다.

처음 봤을 때 할머니는 골목 끝 연둣빛 벽 사이에 빨간색 외투를 입고 긴 지팡이를 짚고 있었다. 내가 다가가자 인기척을 느꼈는지 "거기 누구시오"라고 하는데 그 표정에서 타인에 대한 경계심보다는 반가움이 먼저 느껴졌다. 동그란 얼굴, 짧게 자른 머리, 사람 소리에 반가워하며 짓는 미소. 나는 그 순간 이미 할머니에게 마음이 열렸던 것 같다. 서울 방송국에서 3일간 촬영을 하러 왔다고 했더니 할머니는 언제든 와도 된다며 반겨 주었다. 추우니까 들어가서 얘기하자며 나를 방으로 데려간 할머니. 나와 할머니의 3일이 그렇게 시작되었다.

방에서 한참 촬영을 하고 있는데 멀리서 야채 트럭 아저씨의 소리가 들려왔다.

"2시 됐나 보네. 2시면 정확하게 와."

야채 트럭까지 50걸음도 안 되지만 할머니는 갈 수가 없었다.

"제가 모셔다드릴까요? 뭐 사고 싶은 거 있으세요?"

"진짜로? 그럼 나 대파 한 단만 사게."

그동안은 트럭 소리를 들으면서 마음으로만 온갖 채소들을 구경했다고 한다. 할머니가 트럭에서 신나게 채소를 고르던 모습은 지금도 생생하다.

셋째 날 저녁, 나는 편의점에서 카스타드 두 박스와 두유 몇 봉을 사 들고 할머니를 만나러 갔다. 전등을 켜 놓지 않아서 집은 깜깜했지만 유리문 밖으로 희미하게 텔레비전 불빛이 어른거리고 있었다. 할머니는 아마도 어둠 속에서 귀로 세상을 보며 텔레비전과 대화를 하고 있었을 것이다. 저 문을 열고 들어가면 할머니는 반가워하겠지만 내일 떠날 생각을 하니 벌써부터 마음이 무거웠다. 한참을 불빛만 바라보다가 문을 두드렸다. 역시나 할머니는 나를 반갑게 맞아 주었다.

"내 정신 좀 보게. 집에 불을 켜야겠네. 안방이랑 마루랑 깜깜하지? 내가 이러고 살아. 나 참 바보 같지?"

더듬더듬 벽의 스위치를 찾아 불을 밝히고는 부엌으로 가서 웬 까맣고 납작한 빵을 내오는 할머니. 오늘이 생일인 줄도 몰랐는데 복지관에서 아가씨 한 명이 와서는 생일 축하한다며 케이크도 주고 사진도 찍고 갔단다. 그러면서 방문을 더듬더듬 만지더니 문틀에 끼워 둔 사진을 보여 주었다.

"이건 작년 생일 때 찍은 거야. 그때도 어찌나 '할머니, 브이, 웃으세요' 조르던지. 내가 웃고 있재? 사진에서, 그재?"

작년 생일 때 찍은 사진과 오늘 찍은 사진을 보니 1년이 무색하게도 변한 건 복지관 관계자뿐이고 집과 할머니, 그리고 할머니가 입고 있는 옷은 그대로였다.

"제가 생일 축하 노래 불러 드릴까요?"

그러자 할머니가 눈물을 보였다. 이렇게 따뜻한 노래는 처음이라고, 저녁에 생일 축하를 받는 것도 오랜만이라고 했다. 할머니에게 소원을 빌라고 했더니 역시나 두 손을 마주 모으고 자식을 위한 기도를 올렸다.

다음 날, 할머니에게 마지막 인사를 하러 갔다. 내 목소리를 듣사 할머니는 온다고 해서 내내 기다리고 있었다며 얼른 방으로 들어가자고 했다. 헤어질 시간이 가까워 오자 할머니는 말이 많아졌다. 내년에는 조그만 텃밭에 가지도 심고 무도 심을 거란다. 하지만 기어이 헤어질 시간은 찾아오고 말았다. 불편하니 나오지 말라고 하는데도 할머니는 기어이 배웅을 하러 나왔다. 한 걸음 한 걸음 벽을 짚으며 나온 할머니.

"내 여기, 벽에 창틀 있는 여기까지밖에 못 가. 더 나가면 내가 돌아올 수가 없어. 그럼 잘 가고, 가서 재미나게 하는 일 잘하고, 잘 살아. 그래도 내가 여기서 보고 있을게. 내가 앞은 안 보여도 그래도 니 저 골목 끝으로 나갈 때까지 보고 있을게."

나는 중간중간 뒤돌아보며 골목을 걸어 나왔다. 골목 끝까지 왔는데도 할머니는 그 자리에 계속 서 있었다. 그러자 왠지 모르게 내가 어디를 가든 뒤돌아보면 그렇게 할머니가 그 자리에 있을 것만 같았다. 생각해 보면 누군가가 내 뒷모습을 그렇게 오래도록 지켜봐 준 것은 참 오랜만이었다. 분명 3일은 짧은 시간이었지만 나는 그 따뜻했던 마지막 순간을 잊을 수 없다. 한정원 작가가《시와 산책》에 쓴 말처럼 할머니와 내가 우정을 나누었기 때문인 것 같다.

"나의 우월함을 드러내는 연민이 아니라, 서로에게 원하는 것이 있어 바치는 아부가 아니라, 나에게도 있고 타인에게도 있는 외로움의 가능성을 보살피려는 마음이 있어 우리는 작은 원을 그렸다. (…) 나는 이것이 우정이 아니었다고 말하지 못하겠다."

그래서일까. 앞을 보지 못하는 할머니가 나에게 "내가 여기서 보고 있을게"라는 말을 해 주었을 때, 나는 오래도록 그 순간을 잊지 못할 것을 직감했다. 결국 할머니의 마지막 말은 어떤 문학 작품의 멋진 문장이나 영화 대사보다도 내 마음에 깊이 새겨져 있다. 그리고 외로운 어느 날 혼자 길을 걸을 때면 오래도록 나를 지켜보고 있었던 할머니가 더욱 그리워진다.

그것은 나의
오해일 수도 있다

　자갈치 시장을 촬영할 때였다. 추운 겨울, 물기에 질퍽거리는 좁은 통로 양쪽에 깔린 좌판들. 그리고 그 너머에서 연신 손님을 부르는 할머니들의 손짓. 사정없이 생선을 손질하는 할머니의 굳은살 배긴 손에서 억세게 살아온 세월이 느껴졌다. 문득 늘 보던 통로에서가 아닌 시장 할머니들이 앉은 자리에서 보이는 시장이 궁금해졌다. 그래서 한 할머니에게 양해를 구하고 할머니가 앉아 있던 낮은 의자에 앉아 봤다. 통로에서 단지 몇 걸음 옮겼을 뿐인데 할머니의 시선에서 바라본 시장은 참으로 달랐다.
　의자에 앉아서 보니 내 앞 좌판 위로 그득한 오늘 팔아야 될 생선들과 그 앞을 무심히 지나가는 사람들이 보였다. 그리고 건너편 좌판의 생선들과 그것을 팔기 위해 앉아 있는 할머니들이 보였다.

그들은 무심한 듯 보였지만 손님이 지나갈 때마다 시선은 온통 손님에게로 쏠려 있었다. 그러다 한 손님이 내 앞 좌판에 관심을 보이자 그들의 표정에 언뜻 아쉬움이 스쳐 지나갔다. 그렇게 잠시 앉아 있었을 뿐인데도 나도 모르게 바쁜 듯 지나쳐 가는 손님을 보면 아쉽고 혹시나 관심을 보이는 손님이 있으면 기대를 품게 되었다. 그 전에 셀 수 없이 많이 찾았던 시장에서 나를 보는 시장 상인의 마음이 이랬겠구나 싶었다.

이렇게 몇 걸음 차이일 뿐인데 그 자리에 앉아 보는 경험만으로도 그 전엔 전혀 안 보이던 타인의 입장이 보일 때가 있다. 병원을 촬영할 때도 그랬다. 흰 가운을 입은 의사를 하루 종일 따라다녀 보면 흰 가운이 보일 때마다 따라오는 시선들이 느껴진다. 표정 하나, 단어 하나에서 작은 희망이라도 찾고 싶어 하는 사람들의 시선 말이다.

외래 진료실, 한 환자에게 할애할 수 있는 시간은 길어야 5분 내외. 그 몇 분 안에 현재 상태와 증상, 병에 대한 이야기가 오고가고 때로는 생과 사에 관련된 무거운 대화들도 오고간다. 그렇게 진료를 마친 환자가 나가고 다음 환자가 들어오기 전 의사는 짧은 시간 안에 얼른 차트를 짚어 봐야 된다. 집중 또 집중을 해야 하는 것이다. 그래서 의사들은 보통 외래 진료가 끝나면 녹초가 되고 만다. 그처럼 의사의 입장에서 일상을 함께해 보니 환자로 왔을 때와는 다른 것들이 보였다.

예전에는 밥 먹을 때마저 국그릇을 손에 들고 숟가락으로 밥을 입에 넣으면서도 눈으로 손님을 좇는, 그래서 어떻게든 생선 하나라도 팔아 보겠다고 손님을 붙잡고 안 놔주는 시장 할머니들을 보면 뭘 저렇게까지 억척스러울까 싶고, '붙잡히면 어떡하지' 하며 시장 할머니들의 눈을 피한 적도 있었다.

하지만 막상 그 자리에 앉아 보니 나 또한 손님 한 명 한 명이 그렇게 간절해졌다. 그래서일까. 그 이후로 시장에서 억척스러운 할머니한테 붙들려 거의 생선을 강매(?)당하다시피 한 적이 가끔 있었는데 그리 기분이 나쁘지 않았다. 안 살 것을 사거나 너무 많이 사면 조금 곤란하긴 했지만 매일 그런 것도 아닌데 하면서 웃어넘길 여유도 가지게 되었다.

의사를 볼 때도 마찬가지다. 예전에는 불안한 마음에 거듭 질문을 하는 환자의 말을 단호하게 끊고 다음 환자 차트를 보는 의사가 냉정하게만 보였었다. 하지만 그렇게 하시 않으면 줄지어 기다리는 환자들을 다 볼 수 없는 의사의 입장이 되어 보니 때론 냉정함이 다수를 위한 현명한 태도일 수 있다는 것을 알게 되었다. 그러자 빠른 속도로 진료를 마치던 의사에게 품었던 서운함이 나의 오해에서 비롯됐을 수 있겠다는 생각이 들었다.

하지만 매번 그렇게 상대의 사정에 대해 알 수는 없다. 상대가 어떤 하루를 보냈는지 모른 채 그저 내 앞에서 보이는 행동과 말 등으로 판단할 수밖에 없는 것이다. 그래서 가끔은 상대의 진심을 오해하기도 하고 나의 진심 또한 상대에게 닿지 않기도 한다.

그런데 다큐멘터리 일을 하며 내가 미처 몰랐던 사람들의 입장이 되어 그의 시선을 따라가 보니 생각보다 내가 많은 오해를 하고 있음을 깨닫게 되었다. 그리고 그렇게 사람들의 속내를 알게 되자 화가 나거나 서운하거나 억울한 일들이 훨씬 줄어들었다.

얼마 전 방영된 '나의 해방일지'라는 드라마에 이런 장면이 나온다. 주인공 염창희가 이기적인 직장 선배 때문에 극도의 분노를 느꼈던 날, 가뜩이나 화가 나서 죽겠는데 돈을 찾으러 간 ATM 기기 부스에 사람들이 한가득이다. 무더위에 땀은 비 오듯 흐르는데 줄이 좀처럼 줄어들 기미가 보이지 않자 그는 생각한다.

'한 놈만 걸려 봐라.'

아니나 다를까 자신의 차례가 왔는데 어떤 아저씨가 다급한 목소리로 곧 타야 될 버스가 오는데 먼저 돈을 뽑으면 안 되겠냐고 한다. 그는 성질이 폭발하려 했지만 치밀어 오르는 분노를 꾹 누르며 양보를 한다. 그런데 잠시 뒤 씩씩거리며 현금 지급기 앞에 섰을 때 우연히 앞 아저씨의 사라지지 않은 통장 상태를 보게 된다. 아저씨가 통장 잔액이 부족해 5만 원도 인출하지 못했단 사실을 알게 된 그는 생각했다. 양보하길 잘했다고, 아저씨가 돈도 찾지 못했는데 버스마저 놓쳤으면 어쩔 뻔 했느냐고. 그러면서 자신의 팔자는 여러 사람을 촉촉하게 적시는 가랑비 같다고 정의를 내리면서 스스로를 위안한다.

만약 아저씨의 통장 잔액을 보지 못했다면 그는 왜 이렇게 세상에 염치를 모르고 이기적인 사람들이 많은 거냐고 생각했을 것이다. 하지만 우연히 알게 된 통장 잔액의 진실을 통해 그 일은 사정이 딱한 사람에게 선의를 베푼 좋은 기억으로 남게 되었다.

그러니 도대체 이해를 할 수 없는 사람들 때문에 화가 날 때, 그에게 내가 모를 사정이 있을지도 모른다는 생각을 해 보면 어떨까. 생각보다 많은 것들이 나의 오해나 착각일 수 있다. 그리고 만약 상대가 분명히 잘못을 했다 하더라도 '그럴 수도 있지' 하며 넘어갈 수 있게 된다.

그리고 내가 마주한 사람이 오늘 하루 내 앞에 오기까지 많은 사람들과 적게든 크게든 연결돼서 내 앞에 있다는 것을 생각하고, 그래서 내가 조금의 여유와 선의로 대한 것이 다시 다른 누군가에게 선한 영향을 주기를 바라는 마음을 갖는다면 세상이 덜 삭막해지지 않을까.

어느 해 가을이 시작되던 무렵 나는 추모 공원의 3일을 기록하
게 되었다. 추모 공원에 도착해 촬영을 준비하면서 제일 먼저 눈
에 들어온 건 누군가가 보낸 문자 메시지를 띄우고 있는 전광판이
었다.

"엄마, 가을 하늘을 보니 더 보고 싶어요"

"할머니 할아버지, 우리 아빠 안 아프게 해 주세요"

"출근하는 길에 생각나서 보낸다. 그리운 우리 딸"

"말 안 하고 휴대폰만 만지고 곰짓해서 미안해"

메시지를 읽고 있으려니 슬픔이 차오르기 시작했다. 답장을 받
을 수 없다는 사실을 알면서도 그렇게 한 자, 한 자 담아 보내는 마
음은 어땠을까.

납골당 안으로 들어가니 층마다 여러 개의 안치실로 분리되어 있었고, 그 안에는 죽은 이를 기념하는 물품들이 담겨 있는 안치단들이 빼곡히 채워져 있었다. 가족사진과 인형, 소주 모형, 편지, 상장 등등…. 죽은 이를 추억하고 위로하고 싶은 마음들이 가득 담긴 기념품들을 보고 있으니까 누군가의 생이 파노라마처럼 보이는 것 같았다.

벤치에 앉아 깊은 생각에 잠긴 한 40대 남성을 만났다. 그는 아버지 같았던 고등학교 선생님을 보러 왔다고 했다. 젊은 나이에 폐암으로 돌아가셨는데 회사가 근처라서 자주 들른다며 오늘따라 더 생각이 난다고 했다. 그는 선생님을 소개해 주겠다며 나를 안치실로 데려갔다. 마음이 참 희한했다. 그를 따라가면 정말 선생님이 있을 것만 같았다. 그는 한 유골함 옆 사진을 가리키며 말했다.

"우리 선생님이세요. 잘생기셨죠!"

그는 처음 선생님을 만났을 때 기억이 아직도 생생하다고 했다. 사실 고등학교 시절 가정 형편이 어려워 힘들었는데 선생님이 집에 찾아와서는 어머니에게 살림에 보태 쓰라며 돈을 몰래 주고 가면서 혹시나 제자 마음 상할까 절대 그한테는 말하지 말라고 당부했단다. 그때 일을 생각하면 눈물이 나는지 그는 더 이상 말을 잇지 못했다. 그는 유골함을 바라보다 이내 잠잠히 상념에 빠진 듯 보였다. 그렇게 한참 동안 따뜻한 눈빛으로 선생님을 바라보던 그가 말했다. 요즘은 굉장히 기분 좋은 그리움을 느낀다고, 마치

첫사랑을 만나러 갈 때 느끼는 설렘이 이럴까 싶다고.

딸을 만나러 추모 공원에 매일 온다는 어머니를 만났다. 울지 말아야지 하는데 아직도 그게 잘 안 된다며 유골함 앞에서 끝내 눈물을 보였다. 그러면서 날 붙잡고는 딸을 만날 수 있는 방법을 알려 달라고 했다. 우리는 같이 한참을 울었다.

그녀의 딸은 화재 사고로 꽃다운 스무 살의 나이에 갑자기 세상을 떠났다고 한다. 지금도 불이 두려운지 딸의 유골함은 신기하게도 소화기 바로 옆자리에 있었다. 사실은 한 번 자리를 옮겼는데 그때도 소화기 옆이었다면서 곁에 없지만 이렇게라도 딸이 자신에게 말을 걸어오는 것 같다고 했다.

어느 안치실에선 백발의 할아버지가 유골함을 바라보며 말을 하고 있었다.

"여보, 왜 먼저 갔어. 미안하지도 않아?"

그때 나는 처음으로 사람의 뒷모습에도 표정이 있다는 걸 알았다. 비록 말은 그렇게 했지만 할아버지가 얼마나 아내를 그리워하는지 알 것만 같았다. 그리고 할아버지가 아이처럼 투정을 부리는 것도 아내 앞이니까 가능한 게 아니었을까. 아내가 아닌 그 누구에게 그런 모습을 보일 수 있을까.

할아버지에게 촬영을 해도 되는지 허락을 받고 나서야 비로소 나는 앞에서 그의 표정을 볼 수가 있었다. 유골함을 바라보던 할아버지의 눈빛이 아직도 생생하다. 그 깊은 눈빛 안에 들어 있는 아내에 대한 기억과 감정들이 모두 사랑을 말하는 것처럼 느껴졌기 때문이다. 그렇게 그 눈빛을 보며 여러 감정이 내 안에 차오르고 있는데 할아버지가 툭하니 말했다.

"여보, 사랑해."

이게 사랑이 아니면 그 무엇을 사랑이라 부를 수 있을까. 할아버지의 담담한 고백을 내가 아니라 아내가 직접 들을 수 있었다면 얼마나 좋았을까.

선생님을 그리워하는 제자, 아직은 눈물 없이 딸을 마주하지 못하는 어머니, 여전히 하늘로 간 아내를 사랑하는 할아버지 등등 3일 동안 추모 공원을 취재하며 지금은 함께할 수 없는 이와 나누는 절절한 마음의 대화들을 들을 수 있었다. 그리고 그 대화들을 들으며 나는 마음이 시리고 또 따스해졌다. 하지만 그럴수록 아무도 찾지 않는 유골함들이 자꾸 눈에 밟혔다.

이 생이 다한 뒤에 나는 과연 사람들에게 어떤 사람으로 기억될까. 그중에 나를 그리워하고 사랑한다고 말해 줄 사람이 있을까. 내가 살아가는 모습들 하나하나가 내가 사랑하는 사람들의 기억 속에 새겨질 테고 그것이 곧 나중에 나를 추억할 때 떠오르는 모습이 될 것이다. 그들의 기억 속에 내가 괜찮은 사람으로 남아 있기를 희망하는 건 나의 욕심일까.

해마다 수능이 다가오면 대구 팔공산 갓바위에는 수많은 사람들이 모여든다. 자녀가 원하는 대학에 들어가기를 바라는 부모들이 기도를 올리는 것이다. 기도를 한다고 소원이 이뤄질까 싶지만 일어섰다가 다시 엎드리기를 수백 번, 가지런히 손을 모아 기도를 하는 그들을 보면 이게 무슨 소용이냐는 말이 나오지 않는다. 만약 신이 있다면 가파른 산길도, 쌀쌀한 날씨도 아랑곳하지 않고 간절히 기도를 올리는 그들을 가상하게 여겨 소원을 들어주지 않을까 하는 마음이 들 정도였다.

수능이 나흘밖에 남지 않은 날이었다. 어느새 해가 저물고 기도를 마친 사람들은 하나둘 자리를 뜨기 시작했다. 깜깜한 밤이 되자 갓바위에는 초겨울 추위가 몰려왔다. 나는 새벽에도 기도하는 사람이 있을까 하는 호기심에 갓바위를 지키고 있었다. 준비해 온 간식들이 다 떨어져 배가 고팠고 추위가 뼛속까지 파고들어 온몸이 떨려 왔다. 밤 12시가 넘어가자 인내심이 바닥나기 시작했고 따뜻한 물 한 잔만 마셨으면 좋겠다는 생각이 굴뚝같았다.

그때쯤 한 남자가 갓바위에 올라왔다. 그 시간에 올라온 것도 신기한데 우비로 단단히 무장하고 있어서 더 눈에 띄었다. 그렇게 입은 걸 보니 금방 내려가진 않을 것 같았다. 그는 익숙한 듯 한 곳에 자리를 잡고 기도를 하기 시작했다. 그의 기도는 계속되었고 방해하면 안 될 것 같아 조용히 옆에서 그의 모습을 촬영하다 보니 어느덧 해가 뜨기 직전이 되었다. 그제서야 그는 기도를 멈추었고 나는 그에게 다가가 궁금한 것들을 묻기 시작했다.

그는 화원을 해서 일을 마치고 오려면 이 시간에 올 수밖에 없다고 했다. 아들이 고등학교 3학년인데 아버지로서 할 수 있는 게 기도밖에 없어 얼마 전부터 매일 밤을 갓바위에서 보내고 있다고도 했다. 그는 다음 날 밤에도 우비를 입고 갓바위에 올라왔다. 그리고 수능 전날 밤에도….

그렇게 사흘 동안 그와 같이 갓바위에서 밤을 새고 수능 당일이 되었다. 그의 삶이 궁금해진 나는 그를 따라 화원에 갔다. 초겨울 산에서 밤새 추위로 떨어서인지 아침이 밝아 왔는데도 몸에서 한기가 떠나지 않았다. 몸을 잔뜩 웅크리고 서 있는데 밤을 꼬박 샌 탓에 졸음마저 쏟아져 내렸다. 하지만 그는 화원에 도착하자마자 여기저기 보이는 꽃과 나무들을 돌보느라 여념이 없었다. 중간

중간 내게 화원에 있는 꽃들을 보여 주며 자랑도 했다. 자녀를 위해서 이렇게 애를 쓰고 식물도 진심으로 대하는 모습을 보고 있노라니 매사에 다정한 사람이겠구나 싶었다. 그런데 그가 뜻밖의 이야기를 털어놓았다.

사실 그는 부모님에게 사랑을 받아 본 적이 없다고 했다. 먹고사는 일이 급했던 부모님은 늘 지치고 힘든 모습이었고 부모님의 따뜻한 얼굴은 기억이 나지 않는다고 했다. 그래서 어떻게 아이에게 사랑을 줘야 하는지, 어떻게 해야 아이와 가까워질 수 있는지 배운 적이 없다고. 그래도 아이를 낳으면 어떻게든 아버지 노릇을 할 수 있을 것이라 그는 생각했었다.

그는 아직도 아이 얼굴을 처음 본 순간을 잊지 못한다. 인생을 통틀어 가장 행복했던 날이었기 때문이다. 하지만 아이가 커 갈수록 그는 점점 자신감을 잃어 갔다. 아이한테 무슨 말을 해야 할지, 어떻게 아이와 시간을 보내야 하는지 몰라 허둥댔고, 매번 낯설고 어려운 숙제를 받아 든 것처럼 아이와의 시간이 힘들었다. 어디서부터 잘못됐는지 모르게 아들과 엇갈리기 시작했고, 조그만 틈은 시간이 지날수록 커져만 갔다. 지금은 둘이서 대화를 나눈 게 언제인지 모를 정도로 멀어졌다고 한다.

그는 아들이 수능을 앞두고 어떤 고민이 있는지, 또 어떤 대학에 들어가고 싶은지 물어본 적이 없다고 고백했다. 궁금했지만 어떻게 대화를 시작해야 좋을지 몰라 망설이다 번번이 기회를 놓치고 만 것이다. 넘치게는 아니어도 부족하지 않을 정도로는 키웠다고 생각했다. 그리고 언젠가는 자신의 마음을 알아 주겠지 싶었다. 하지만 한번 멀어져 버린 아들과 다시 가까워지는 방법을 도저히 찾을 수가 없었다. 그럼에도 어떻게든 아들에게 힘이 되고 싶었던 그가 찾아낸 것은 기도였다. 아이가 원하는 대학에 들어가길 바라며 기도를 올리는 것. 드디어 자신이 할 수 있는 일을 찾은 그는 매일 밤 갓바위에 올라가 기도했다. 아들을 위해 자신이 할 수 있는 일을 찾아서일까, 몸은 고됐지만 마음은 그렇게 좋았다고 한다.

화원 일을 마친 그는 수험장으로 향했다. 마지막 시험을 마친 학생들이 몰려나오기 시작했고 한참을 기다리던 부모들은 저 멀리서도 자기 아이를 한눈에 알아보고 손을 흔들며 반겼다. 그들은 아이의 등을 두드리거나 손을 꼭 잡으며 고생 많았다고 눈물을 보이기도 했다.

그의 아들도 모습을 드러냈다. 나에게 아들에 대한 절절한 마음을 털어놓았던 그는 늘 그랬듯 무뚝뚝한 얼굴로 아들을 맞이했고 아들도 익숙한 듯 짧게 대답하고는 차에 탔다. 그렇게 차 안은 침묵으로 가득했다. 아들은 아버지가 매일 밤 갓바위에 올랐다는 사실을 모르는 것 같았다. 그렇게 아버지가 갓바위에서 보낸 숱한 밤은 차 안의 침묵 속에 묻혀 버리고 말았다.

우리는 가까울수록 상대방이 내가 원하는 걸 당연히 알고 있으리라 착각한다. 그래서 상대방이 내가 원하는 행동을 하지 않으면 나를 덜 사랑하는 것이라 치부해 버리기도 한다. 하지만 말하지 않으면 상대방은 내가 뭘 원하는지 모르는 게 당연하다. 그날 차 안에 무겁게 깔린 침묵이 그 증거다. 아버지가 아들에게, 아들이 아버지에게 뭐든 말하지 않으면 그들은 계속 서로를 오해한 채 더욱 멀어질 수밖에 없을 것이다.

그러니 사랑한다면 사랑한다고 말해야 한다. 내가 원하는 것이 그리 큰 게 아니라고, 그냥 다정한 말 한마디면 된다고, 시험 치르느라 고생 많았다고, 괜찮냐고, 그동안 수고 많았다고 말 한마디 건네주면 그것으로 충분하다고 말해야 한다. 너무 늦어 버리기 전에.

chapter 3

참 괜찮은 삶의 태도

비를 맞으며 혼자 걸어가는 사람에게 우산을 내밀 줄 알면

서울에 푸짐하게 첫눈 내린 날

김수환 추기경의 기도하는 손은

고요히 기도만 하고 있을 수 없어

추기경 몰래 명동성당을 빠져나와

서울역 시계탑 아래에 눈사람 하나 세워놓고

노숙자들과 한바탕 눈싸움을 하다가

무료급식소에 들러 밥과 국을 퍼주다가

늙은 환경미화원과 같이 눈길을 쓸다가

부지런히 종각역에서 지하철을 타고

껌 파는 할머니의 껌통을 들고 서 있다가

전동차가 들어오는 순간 선로로 뛰어내린

한 젊은 여자를 껴안아주고 있다가

인사동 길바닥에 앉아 있는 아기부처님 곁에 앉아

돌아가신 엄마 얘기를 도란도란 나누다가

엄마의 시신을 몇 개월이나 안방에 둔

중학생 소년의 두려운 눈물을 닦아 주다가

경기도 어느 모텔의 좌변기에 버려진

한 갓난아기를 건져내고 엉엉 울다가

김수환 추기경의 기도하는 손은

부지런히 다시 서울역으로 돌아와

소주를 들이켜고 눈 위에 라면박스를 깔고 웅크린

노숙자들의 잠을 일일이 쓰다듬은 뒤

서울역 청동빛 돔 위로 올라가

내려오지 않는다.

비둘기처럼

정호승 시인의 시 '김수환 추기경의 기도하는 손'이다. 이 시에 표현된 것처럼 김수환 추기경은 평생 모든 이를 위해 살다가 2009년 2월 16일 우리 곁을 떠났다. 생전에 어떻게 살아야 하는가 하는 사람들의 물음에 고인은 이렇게 답했다.

"당신이 태어났을 땐 당신만이 울었고 당신 주위의 사람들이 미소를 지었습니다. 당신이 이 세상을 떠날 때엔 당신 혼자 미소 짓고 당신 주위의 모든 사람들이 울도록 그런 인생을 사십시오."

그리고 추기경이 이 세상을 떠났을 때 꼭 그의 말처럼 되었다. 가난하고 외롭고 아픈 사람들과 늘 함께하고자 애썼던 추기경의 선종 소식에 수많은 이들이 깊은 비탄에 잠긴 것이다.

얼마 뒤 나는 김수환 추기경을 기리는 명동성당 풍경을 방송으로 담기 위해 명동을 찾았다. 성당 앞에서 사람들을 만나 인터뷰를 진행하다가 신부들이 거주하는 사제관으로 향했다. 마침 신부들이 점심 식사를 마치고 사제관 앞마당에서 산책을 하고 있었다. 그중 허영엽 신부의 도움을 받아 김수환 추기경이 마지막까지 머물렀던 공간을 촬영할 기회를 얻게 되었다.

사제관은 한 번도 외부에 공개된 적 없는 사제들만의 성스러운 공간이었기에 촬영하는 내내 모든 것이 조심스러웠다. 신부는 먼저 추기경이 30년 동안 기도를 해 왔다는 기도관으로 나를 안내했다. 낮 시간이었지만 기도관은 부분적으로 빛이 들어와 어두웠고 그래서인지 신비롭고 아늑한 느낌이 들었다. 오래돼 보이는 의자들과 성경책들. 신부는 기도관 앞쪽 구석에 있는 의자를 나에게 보여 줬고 저곳에서 추기경이 늘 기도를 올렸다고 알려 주었다. 참 소박한 구석 자리, 그곳에서 무릎을 꿇고 기도를 올리는 추기경의 모습을 그려 보았다. 그의 모습을 더 이상 볼 수 없다고 생각하니 슬픔이 밀려왔다.

허영엽 신부는 기도관을 나와 사제관 곳곳을 안내해 주며 이 어디에도 추기경 손길이 닿지 않은 곳이 없다고 했다. 마지막으로 보여 준 곳은 주교관의 식당이었다. 평소 추기경이 앉아서 식사를 하던 자리로 신부가 나를 안내했다.

그런데 그 자리에서 이상한 걸 발견했다. 테이블 위 접시를 놓는 위치 양쪽에 이제 막 들어온 사제들의 사진과 이름이 줄줄이 붙어 있는 게 아닌가. 처음엔 이게 뭐지 싶었는데 잠시 후 아, 하는 탄성이 절로 나왔다. 식사할 때는 잠시나마 느긋하게 마음을 내려놓을 법도 한데, 추기경은 그 시간조차 사제들 이름을 하나하나 외우며 기억하기 위해 애썼던 것이다.

추기경이 남긴 건 그가 머물렀던 자리만이 아니었다. 추기경은 생전에 사후 각막 기증을 서약해 선종 뒤 2명의 환자에게 각막을 이식했다. 남긴 재산은 300만 원이 전부였는데 그것조차 어려운 사람들에게 나눠 주기 위해 비상금으로 갖고 있던 것이었다.

비를 맞으며 혼자 걸어갈 줄 알면
인생의 멋을 아는 사람이요
비를 맞으며 혼자 걸어가는 사람에게 우산을 내밀 줄 알면
인생의 의미를 아는 사람이다

세상을 아름답게 만드는 건 비요
사람을 아름답게 만드는 건 우산이다

한 사람이 또 한 사람의 우산이 되어줄 때
한 사람은 또 한 사람의 마른 가슴에 단비가 된다

양광모 시인이 쓴 '우산'이라는 시의 일부이다. 가끔 비가 오는 날 우산을 펼치다 추기경이 머물렀던 테이블이 떠올라 가슴이 먹먹해질 때면 혼자 생각해 본다. "서로 사랑하세요"라는 김수환 추기경의 마지막 말을 조금이라도 실천하며 사는 사람이 되자고. 다행히 "노점상에서 물건을 살 때 깎지 말라. 그냥 돈을 주면 나태함을 키우지만 부르는 대로 주고 사면 희망과 건강을 선물하는 것이다"라는 말은 실천에 옮기고 있다.

2010년 11월 23일 오후 2시 30분 경. 인천 옹진군에 있는 평화로운 섬마을 연평도에 느닷없이 포탄이 떨어지기 시작했다. 북한이 발사한 포탄 170여 발 가운데 60여 발이 연평도에 떨어진 것이다. 순식간에 화염이 치솟고 면사무소와 파출소를 비롯해 몇몇 채의 민가가 불타올랐다. 매캐한 화약 냄새와 뿌연 연기가 섬 전체를 뒤덮었고 마을은 아수라장으로 변했다. 여느 때처럼 생업에 열중하던 주민들은 황급히 대피하고, 수업을 받고 있던 학생들도 가까스로 몸을 피했지만 미처 피하지 못한 사람들도 있었다. 그 결과 해병대원 2명과 민간인 2명이 목숨을 잃었고 19명이 부상을 입었다.

1953년 7월 휴전 협정 이후 북한이 대한민국의 영토를 직접 타

격해 민간인이 사망한 최초의 사건으로 기록된 연평도 피격 사건. '다큐 3일' 팀이 그곳을 찾은 것은 사건이 일어난 지 두 달쯤 지났을 때였다. 피격 직후 섬을 떠나 육지로 가서 피난 생활을 했던 연평도 주민들이 하나둘 돌아오고 있었다.

두 달이 지났지만 피격 당시의 참상을 짐작할 수 있을 정도로 섬 전체가 쑥대밭이 되어 있었다. 몇몇 집들은 형체를 알아볼 수 없을 정도로 파괴되어 있었고, 벽에 철제 파편이 그대로 박혀 있는 건물도 있었다. 도로에 있는 철제 가드레일에는 20개가 넘는 구멍이 뚫려 있었다. 어떻게 이런 일이 있을 수 있을까. 전쟁을 직접 겪은 세대가 아니기 때문일까, 폐허가 되어 버린 마을이 마치 전쟁 영화의 한 장면을 보는 것처럼 믿기지 않았다. 그냥 평소처럼 밭에 가고, 조개를 캐러 갯벌에 가고, 학교로 가던 어느 날 포탄이 떨어져 집이 파괴되고, 마을이 불타는 모습을 지켜봐야 했던 사람들, 그 가운데 죽지 않기 위해 도망치며 가족과 이웃들의 이름을 애타게 불렀을 사람들. 그들은 하나같이 피격 당시 눈앞이 캄캄했다고 했다.

"앞이 캄캄했어요. 일하고 있는데 눈앞에 포탄이 날아왔다니깐. 그래도 집이니까 와야죠."

육지로 나갔다가 섬에 들어온 지 며칠 안 된 한 할머니의 집은 한파 속에 오래 비워 둔 탓에 물은 안 나오고 보일러는 얼어 터져 버렸다. 그래서 할머니는 방바닥에 라면 상자를 깔고 전기장판에 의지한 채 겨우 숙식을 해결하고 있었다.

눈이 펑펑 내리는 부둣가에서 만난 한 중년 남성은 다행히 집은 피해를 입지 않았지만 조업을 생각하면 눈앞이 캄캄하다고 했다. 바다에 나가지 못한 지 2개월이 흘렀는데 그사이 어구들은 다 쓸려가 흔적도 없고, 피격 사건 이후로 선원도 도통 구할 수가 없기 때문이다.

우체국장은 포탄이 집 안에 떨어졌는데 아내가 다행히 조금 떨어진 소파에 앉아 있었기에 목숨을 구할 수 있었다고 했다. 하지만 그 이후로 작은 소리에도 깜짝깜짝 놀라고 수면제를 먹어야 잠을 잘 수 있다고 했다.

두 달이 흘렀지만 여전히 연평도는 피격 사건의 여파로 절망적인 상황이었다. 그래도 사람들은 집에 돌아와 기쁘다고 했다. 3일 전 섬으로 돌아왔다는 한 중년 남성은 당장 조업을 나갈 수 없는 상황이라 답답하지만 그래도 고향으로 돌아오니 살 것 같다며 미소를 보였다.

김포에서 온 지 일주일 된 할머니는 집으로 돌아오자마자 굴을 캐러 갯벌로 나섰다. 평생 굴을 캐서 자식들을 공부시킨 그녀는 그날도 굴을 캐느라 여념이 없었다. 옛날에는 먹고살기 위해 애를 업고 바다에 나와 굴을 캔 적도 많단다. 굴을 캐야 애들을 먹여 살릴 수 있으니까 어쩔 수가 없었다고 했다. 하지만 그날 캐는 굴은 먹고살기 위한 것이 아니었다. 육지에 사는 자식들한테 보낼 거라고 했다.

"서울에 있는 아들네 보내려고. 너무 좋아하니까 안 보낼 수가 없어. 굴은 싱싱할 때 보내야지."

우체국은 그처럼 육지에 있는 자식들 먹이겠다고 손수레에 굴을 비롯해 이것저것 한가득 싣고 온 할머니들로 북새통을 이루었다. 마침 폭설이 내려 도로 사정도 안 좋았지만 할머니들은 전혀 개의치 않는 듯했다.

"추워도 손 호호 불고 동동 구르면서 하는 거야. 이거 먹고 싶어 하는 자식 생각해서. 받아서 맛있게 먹는 모습 생각하면 하나라도 더 캐고 싶지."

나는 그 모습을 보며 생각했다. 아, 이런 시련과 고난에도 삶은 이어지는구나. 그리고 그 힘은 내가 사랑하는 사람들의 웃는 얼굴을 한 번 더 보고 싶은 마음에서 나오는구나. 그렇게 삶은 계속되는구나.

섬은 아직 피격의 여파로 곳곳이 무너져 있는 상태였지만 다시 돌아온 사람들은 묵묵히 자신이 해야 할 일들을 하며 생을 이어가고 있었다. 그렇게 추운 겨울이 지나면 봄이 올 테고, 섬은 다시 바빠질 것이다. 어부들은 생선이 가득한 그물을 걷어 올리고, 할머니들은 갯벌에 나가 조개와 굴을 캐는 데에 열심일 것이다. 그렇게 큰 역경 속에서도 다시 일상을 회복해 나가는 연평도 사람들은 나에게 어떤 일이 오더라도 생을 이어 나가는 인간의 강인함을 일깨워 줬다.

제주도 성읍 마을, 올해로 20년째 대나무 공예를 하고 있는 한 할아버지를 만났다.

"이게 제주도 전통 공예예요?"

"이거? 응, 이거는 허가를 따로 받는 게 아니야. 누구나 다 할 수 있는 거지."

"누구나 할 수 있는데 많이들 안 하나 봐요?"

"지금은 살기가 좋잖아."

이제는 찾는 사람도 드물어 하루에 얼마 손에 쥐지 못한다고. 그런데 여든이 다 된 어르신이 20년째 해 온 일이면 환갑이 넘은 늦은 나이에 시작한 건데 그 사연이 궁금해 물었더니 할아버지가 말했다. 원래는 다른 일을 했는데 갑자기 어느 날 아내가 뇌졸중으로 쓰러져 말도 못 하고 팔도 굳어 버렸단다. 그래서 아내를 간호하기 위해 하던 일을 그만두고 집에서 할 수 있는 일이 무얼까 고심 끝에 시작한 것이 바로 대나무 공예 일이었다.

아내의 곁을 지키기 위해 택한 일, 혹시 그 마음을 지키기가 힘들지는 않았을까.

"고진감래, 홍진비래. 그런 말 들어 봤어? 인생의 행로라는 것이 맨발로 캄캄한 밤에 가시밭길을 걷는 거야. 하지만 참아야 해, 쓰다고 해서 뱉지 말란 말이야. 써도 오래 씹으면 단맛이 나와. 그렇게 걷다 보면 가시밭길을 넘어가. 그럼 날이 밝아 오지. 사람 인생이 그런 거야. 그러니까 내가 잘 살고 편안하다고 해서 자만하지도 말고."

가만히 그 말을 듣고 있던 할머니에게 할아버지가 밥도 지어 주고 잘해 줘서 좋겠다고 했더니, 할머니가 그러니까 여태 함께 살았다고, 남편이 이 마을에서 1등 신랑감이라고 했다. 그러자 할아버지가 옆에서 슬쩍 "나를 사랑한다고, 다시 태어나도 나한테 온다고 했어"라고 하곤 부끄러운 듯 자리를 피했다.

고진감래 홍진비래苦盡甘來 興盡悲來, 쓴 것이 다하고 나면 단것이 오고, 흥이 다하면 슬픔이 온다는 말로, 인생에서 어려움이 지나가면 좋은 시절이 오고, 즐거운 일이 지나가면 슬픈 일이 닥쳐오니 세상일에 너무 낙담하지도, 그렇다고 너무 자만하지도 말라는 뜻을 담고 있다.

그 말을 병에 걸린 아내를 위해 직업까지 바꿔 가며 20년의 시간을 견딘, 그래서 아내에게 '다시 태어나도 당신을 만나겠다'는 최고의 칭찬을 들은 할아버지를 통해 들으니 마음 깊이 새길 수밖에 없었다.

그래서 안 좋은 일이 생기면 '아, 얼마나 좋은 일이 오려고 이런 일이 생겼을까' 하게 되었고 또 좋은 일이 생기면 '너무 자만하지는 말자' 하며 나 자신을 추스르게 되었다. 물론 쓴 것을 뱉어 내지 않고 꼭꼭 씹는 일이 쉽지는 않다. 또 좋은 일들만 계속되기를 바라는 마음도 어쩔 수는 없다. 그래도 할아버지와 할머니의 깊은 미소를 떠올리며 다시 마음을 다잡아 본다. 어떤 일이든 너무 낙담하지도 말고, 너무 자만하지도 말자고.

아홉 살에 시력을 완전히 잃어버린 한 아이가 있었다. 의사는 아이의 어머니에게 현실을 받아들일 것을 권유했고 어머니는 병원에서 돌아오는 택시 안에서 울음을 터트렸다. 하지만 아들의 가능성을 포기할 수 없었던 어머니는 아들에게 피아노를 배우게 했다. 눈이 안 보이더라도 피아노를 배워 두면 나중에 음악 선생님을 할 수 있지 않을까 싶어서였다. 점자로 된 참고서가 없을 때는 손수 점자 책을 만들어 가며 아들을 공부시켰다.

하지만 1980년대 초 한국에서 시각 장애인이 대학을 간다는 건 거의 불가능한 일이었다. 대학들이 원서조차 받아 주지 않았기 때문이다. 그런데 일찍이 배우기 시작한 피아노 덕분에 기회가 생겼다. 미국에 공연을 하러 가게 되었는데 그때 만난 한 맹학교의 교장 선생님이 자신이 근무하는 학교에 오라고 한 것이다. 그래서 그는 열다섯 어린 나이에 미국으로 유학을 떠났다. 그리고 다행히 시각 장애인이라서 못 할 건 없다는 생각을 지닌 좋은 선생님들 덕에 하버드 대학에 입학했다.

대학교를 졸업하고 취업을 하려는데 다시 난관에 부딪혔다. 애널리스트가 되고 싶었지만 그 당시만 해도 월가에는 시각 장애인이 없었다. 하지만 그는 포기하지 않았다. "시각 장애인 컴퓨터에 나타나는 자료는 다 읽을 수 있습니다. 다른 사람들이 15시간 일하면 저는 3~4시간 더 일하겠습니다"라며 면접관들을 설득한 끝에 굴지의 금융사인 JP모건에 당당히 입사했다.

그의 도전은 거기서 멈추지 않고 계속됐다. 애널리스트 6년 차에 금융 분야의 최종 자격증이라 불리는 CFA 국제 공인 재무분석사 시험에 응한 것이다. 그동안 한 번도 시각 장애인이 그 자격증에 도전한 적이 없는 터라 응시 자체가 쉽지 않았다. 시험을 볼 수 있게 해 달라고 주최 측을 설득하는 데만 몇 개월이 걸렸다. 그는 비장애인과 공평하게 시험을 보기 위해 시험 문제를 읽어 주고 답을 적어 줄 사람을 구해야 했고, 대리로 읽고 적는 시간을 감안해 시험 시간을 50% 더 받는 조건으로 시험에 응시할 수 있었다. 그런데 제일 중요한 점자 기능이 탑재된 계산기를 쓰는 것은 끝까지 설득하지 못했다. 그래서 주최 측은 결국 그가 포기할 것이라 생각했지만 그는 밤낮을 가리지 않고 노력해 일반인이 쓰는 계산기를 안 보고 사용하는 방법을 터득했다. 결국 시험을 보게 된 그는 시각 장애인으로서는 세계 최초로 CFA 자격증을 땄다. 그리고 지금까지 28년째 월가에서 애널리스트로 일해 오고 있다. 그 주인공인 애널리스트 신순규를 만나 살아온 이야기를 듣고는 나는 "참 대단하시다"고 했다. 하지만 그는 담담히 말했다.

"목표에 다다르지 못했을 때 또 다른 방법을 찾으면 된다고 생각했고 그대로 했을 뿐입니다."

이처럼 단단한 그에게도 두려웠던 순간이 있었을까. 그는 임신한 아내와 함께 배 속 태아의 성별을 처음으로 확인하던 날 너무나 두려웠다고 고백했다. 아이가 아들이란 걸 알게 된 순간 아들이 태어나면 여느 아버지와 아들처럼 캐치볼을 하고, 목욕탕에서 서로의 등을 밀어 주고, 자전거 타는 것도 가르쳐 주고 싶은데 시각 장애인인 자신이 그 몫을 다할 수 있을지 두려움이 앞섰기 때문이다.

그럼에도 그는 아들이 태어난 순간을 잊지 못했다. 의사가 앞이 안 보이는 그를 배려해 그의 손을 이제 막 나온 아들의 머리 위로 이끌었고 그는 손의 촉감을 통해 아들과 처음 만났다. 아들의 얼굴을 볼 수 없다는 사실이 슬프면서도 온 마음이 벅차올랐고 그때의 감동이 지금도 생생하다고 했다.

그 후 아들은 잘 자라 주었다. 그런데 어느 날부터인가 같이 물가에 가게 될 때마다 아들이 물에 들어가려는 자신을 그렇게 말렸다고 한다. 하루는 "아빠 수영 잘하는데 왜 그래?"라고 물었더니 망설이던 아들이 말했다. 아빠가 물에 빠지는 꿈을 자주 꾸는데 주변에는 아무도 없고 제힘으로는 도저히 꺼낼 수 없었다고. 그 이야기를 하면서 우는 아들을 보는데 어린아이가 벌써부터 마음고생을 하는 게 자신이 가진 장애 때문이라는 사실에 마음이 미어졌다. 그래서 그는 아들에게 말했다. 아빠가 시각 장애인이라 미안하다고.

그런데 그 말을 들은 아들이 몹시 화를 냈다. 미안하다는 말은 하지 말라고, 주변의 친구들을 통해 다른 아버지와 아들들이 어떻게 지내는지 자신도 충분히 알고 있다고, 아빠는 자기 전에 자신에게 책을 읽어 주고, 지칠 때 따뜻한 격려를 아끼지 않고, 어떤 어려움이 있어도 포기하지 않고 목표를 향해 나아가고…. 아빠는 그 모든 걸 이미 자신에게 해 주고 있다고, 그러니 전혀 미안해할 필요 없다고.

예상하지 못했던 아들의 말을 들으며 그는 오랜 시간 가져 온 마음의 짐을 덜 수 있었기에 그렇게 말해 준 아들이 참 고마웠다고 했다. 그리고 자신이 필요 없는 두려움을 갖고 살아왔다는 걸 깨달았다고도 했다. 그는 책《어둠 속에서 빛나는 것들》에 이렇게 적었다.

"장애인을 학생으로, 직원으로, 친구로, 심지어 배우자로 선택할 수는 있어도 친부모나 친자식으로 선택할 수는 없다. (…) 장애인 부모를 둔 자녀들의 세계를 짐작하는 것은 대체로 상상력에서 비롯됐던 것 같다. 나의 선택과는 전혀 상관없이, 장애인 부모를 두게 되었으면 과연 나의 삶은 어떠했을까 하는 상상.

아이와 대화하던 중에 나는 깨달았다. 아이들의 세계는 부모나 환경, 현실 등을 초월한다는 것을. 따라서 부모가 걱정하는 이유로 아이들이 불행하거나, 부모가 만족스럽게 생각하는 것들로 행복하지 않을 수 있다는 것도."

그다음부터 그는 아들에게 미안하다는 마음을 갖지 않기로 했다. 장애인 부모로서 가졌던 쓸데없는 두려움과 미안함을 버리기로 한 것이다. 왜냐하면 그건 자신을 있는 그대로 사랑해 주는 아들에 대한 예의가 아니라고 생각했기 때문이다.

얼마 전 김신영을 인터뷰했을 때의 일이다. 희극인에서 이제는 영화배우로 영역을 넓힌 그녀는 가난했던 어린 시절 아버지를 생각하면 떠오르는 장면이 있다고 했다. 창 하나 없는 어두운 지하에 살았던 시절, 어느 아침 눈을 떴는데 벽에 창문이 그려져 있는 것을 보게 되었다. 새벽일을 마치고 온 아버지가 딸을 위해 밤새 그려 놓은 것이다. 아버지는 햇볕이 들지 않는 지하에서 지내게 한 것을 미안해했지만, 그녀는 자신이 깰까 봐 불도 켜지 못한 채 그렇게라도 창문을 선물해 준 아버지에게 사랑을 느꼈다.

나도 그렇다. 어린 시절 아버지가 내게 처음으로 사 준 크레파스는 12색 세트였는데 금색과 은색 등 더 다양한 색깔이 들어 있는 크레파스를 사 주지 못한 걸 내내 미안해했다. 하지만 나는 그림을 그릴 때마다 옆에서 칭찬해 주는 아버지의 따스함에 충분히 사랑을 느낄 수 있었다.

그러고 보면 우리는 누군가를 좋아할 때 그가 완벽해서 좋아하는 게 아니다. 조금 부족하고 결함이 있더라도 좋은 사람이니까 좋아한다. 그리고 완벽한 사람이 어디 있겠는가. 그럼에도 사랑하는 아이를 위해 모든 걸 다 해 주고 싶은 부모는 아이에게 못 해 주는 것만 떠올리며 미안하다는 말을 하게 된다. 미안하다는 말을 하는 그에게 미안해하지 말라며 화를 내는 아들이 있어서 참 다행이라는 생각이 들었다.

이 글을 읽고 있는 세상의 부모들도 부족한 환경이나 현실을 너무 미안해하지 않았으면 좋겠다. 그저 사랑으로 아이들 곁에 있어 주기를….

멋지다면 쉽지 않고,
쉽다면 멋지지 않을 것이다

1984년 미스터 코리아, 세계 보디빌딩 선수권 대회 라이트급 세 차례 우승, 2002년 부산 아시안 게임 보니빌딩 금메달리스트로서 한국 보디빌더계의 전설로 꼽히는 한동기 관장. 그는 64세의 나이로 선수에서 은퇴했지만 지금도 철저한 식단 관리와 규칙적인 운동을 병행하는 것으로 유명하다.

그의 평소 식단은 사과 1개, 달걀 5개, 치즈 2장, 고구마 1개 정도. 지금은 일반식도 먹는데 라면, 부침개, 햄버거, 음료수는 먹지 않으며, 삼겹살은 쳐다도 보지 않는다. 그런 생활을 40년째 계속하고 있다. 그도 사람인지라 진짜 먹고 싶은 음식이 생길 때가 있는데 그럴 때마다 가족에게 음식을 사다 주고 대신 먹어 달라고 한다.

"친구들 만날 때 뷔페 같은 곳에 꼭 참석해야 할 때면 도시락을 싸 가서 그것만 먹었다. 그 외에는 손도 안 댔다. 만나면 술도 먹고 음식도 먹어야 하는데 나는 그러지 못하니까 자기들도 보기 괴로 운지 모임에 부르지 않는다."

그는 그처럼 치열하게 40년 동안 먹고 싶은 음식을 참고, 친구 들과의 만남에서조차 예외를 두지 않고 살아왔기에 지금의 자신 이 있다고 했다.

카누 국가 대표로 오랜 시간 지내 온 이순자 선수도 마찬가지 였다. 사실 그녀는 깨지 않고 푹 잠을 잤던 적이 언제인가 싶을 정 도로 매일 새벽 통증 때문에 잠에서 깬다고 했다. 몸의 관절이 안 아픈 곳이 없고 밤이 되면 통증이 더 심해져 새벽에 깨어나 핫팩 으로 찜질을 해야만 했다. 그래야 조금 견딜 만하기 때문이다. 아 침이 밝으면 두 시간을 운전해 진천으로 가서 물리 치료를 받는 다. 40분 치료를 받고 나서는 다시 훈련장이 있는 화천으로 돌아 와 훈련을 시작한다. 그렇게 매일을 반복한다. 듣기만 해도 그녀 의 고단함이 전해지는 것 같았다.

"그렇게 손목이 끊어질 듯이 아픈데도 카누가 좋으세요?"

"네. 제가 카누를 너무 좋아하기 때문에 저는 그 고통까지도 행 복의 일부분이라고 여겨요."

힘들지 않은 일이 어디 있겠냐마는 사람들은 힘들면 이 일은 자신과 안 맞는다며 다른 일을 찾아나서기도 하고, 하는 내내 신 나고 행복할 수 있는 자신과 딱 맞는 일을 찾기를 간절히 바라기도 한다. 그러나 결국 피할 수 없는 진실은 아무리 좋아하는 일을 해도 힘든 순간은 찾아온다는 것이다. 좋아하는 일이 하필이면 경제적으로 별 도움이 안 되는 일이라서 생계를 걱정해야 할 수도 있고, 좋아하는 일을 해도 마감에 쫓기거나 일정이 빠듯해 휴가도 제대로 못 쓸 수 있다.

좋아하는 일을 하기 위해 먹고 싶은 음식을 몇십 년째 참아 내고, 매일처럼 손목이 끊어질 듯한 통증을 견디는 일이 결코 쉬울 리 없다. 하지만 한동기 관장과 이순자 선수는 그 고통을 기꺼이 참아 낸다. 그 고통까지도 행복의 일부라고 생각하기 때문이다.

7년 전 팝스타 아델의 노래 'Hello'를 불러서 유튜브에 올린 영상이 1,200만 이상의 높은 조회수를 기록해, 미국의 '엘렌 드제너러스 쇼'에 출연한 이예진. 그녀는 어릴 때부터 노래 부르는 일이 꿈이었지만 엘렌쇼에 나간 뒤 댓글에 달린 악플들 때문에 큰 상처를 받았다.

"어리고 예민할 때였다. 외모 비하도 있었고, 한국인이 그 쇼에 나간 게 두 번째였다. 의도치 않게 한국을 대표하는 것처럼 됐는데 '한국인 대표로 나간 게 고작 저 정도냐'는 반응도 있었다. 그래서 상처를 많이 받았다."

어린 나이에 쏟아지는 악플을 감당하기 힘들었던 그녀는 그 좋아하던 노래를 그만두고 방황을 하게 되었다. 그래서 다른 전공을 하며 지내던 어느 날 친구들과 바에 갔는데 마이크를 보니 마음이 너무 설레더란다. 애써 모른 척했지만 실은 노래하고 싶고 무대에서고 싶다는 생각이 간절했던 것이다. 그래서 노래를 다시 부르기 시작했다. 자신이 노래를 안 하곤 못 산다는 걸 확인한 그녀는 앨범을 준비하며 결심했다. 음악을 하다 보면 또다시 다른 사람들에게 비난을 받을 수도 있을 텐데 그것 또한 받아들여야 하는 한 부분으로 생각하자고.

좋아하는 음악을 하는 것과 그것을 하기 위해 악플과 비난을 기꺼이 감수하기로 결심하는 것은 다른 얘기다. 보통 일을 할 때 그 일을 하며 좋은 점과 힘든 점을 분리해서 생각하는 경우가 많다. 그러면서 계속 저울을 살피는 것이다. 어느 날은 좋은 점으로 기울었다가 또 어느 날은 힘든 점으로 확 기울어 버리고. 그럴 때면 일은 왜 기쁨과 슬픔을 함께 주는 것인지 원망스러워진다. 음악을 하고 싶지만 악플과 비난은 피하고 싶었던 그녀의 마음처럼.

그러나 몇 년을 돌아 '나는 어떤 것이 오더라도 음악을 하고 싶다'는 마음을 확인하게 된 후에 그녀는 노래할 때 더 깊은 행복을 느끼게 됐다고 한다. 고통이 와도 내가 좋아하는 일을 하기 위해 같이 가야 하는 당연한 것들로 너그럽게 끌어안게 된 것이다.

사실 나 또한 다큐멘터리 작업을 하다 보면 화장실 없는 배에서 며칠을 지내야 하기도 하고, 헬기에 타서는 벨트로 허리를 묶은 채 문을 열어 상공을 촬영해야 할 때도 있었다. 밥을 굶는 건 다반사고 무더위에 땀복을 입고 큰 배의 기름통 안에 들어간 적도 있다.

그뿐만 아니라 나를 반기지 않는 사람들을 취재하며 어색한 침묵을 견뎌야 할 때도 있었고, 때론 억울한 오해를 받아서 프로그램 섭외에서 밀린 적도 있었고, 다수와 같지 않은 의견을 내세워서 혼자가 된 적도 있었다. 그럴 때마다 나는 묵묵하게 버티는 쪽을 택했다.

그렇게 버틸 수 있었던 건 내가 왜 이 일을 하고 있으며 어떤 다큐멘터리를 만들고 싶은지, 더 나아가 어떤 사람이 되고 싶은지에 대한 명확한 선을 가지고 있기 때문이었다. 그래서 어떤 일이 일어나든 내가 선택했기 때문에 기꺼이 감내하고 책임질 수 있었다.

누구를 정말 좋아했을 때 '뭐가 좋아?'라고 물어 오면 이유를 찾을 수가 없다고, 그냥 좋다고 말한 적이 있다. 그러면서 '아, 내가 그 사람을 참 많이 좋아하는구나' 하는 생각을 했다. 이 일도 그렇다. 힘들어도 힘든지 모를 만큼 좋아한다. 아니, 어쩌면 좋아하는 일을 하니까 힘들어도 기꺼이 견딜 수 있는 게 아닐까. 카누를 너무 좋아하니까 기꺼이 통증과 힘든 훈련을 참아 내는 것이고, 보디빌더로서 그 일을 계속하고 싶으니까 먹고 싶은 음식을 기꺼이 참아 내는 것이고, 음악을 너무 하고 싶으니까 악플과 비난을 기꺼이 참아 내는 것이다. 레게의 거장인 밥 말리가 말했듯 멋지다면 쉽지 않고, 쉽다면 멋지지 않을 테니깐.

　청주여자교도소를 취재했을 때의 일이다. 입출소 대기실에 있
는 한 재소자를 만났다. 그녀는 모범수로 부모님과 함께 보낼 수
있는 1박 2일을 상으로 받게 되어 가족 만남의 집으로 이동 중이
었다. 가족 만남의 집은 수용 생활을 모범적으로 하는 장기수를
위해 교도소 안에 별도로 마련된 곳으로 가족과 하루 동안 함께
지낼 수 있도록 배려한 특별한 공간이다. 부모님이 면회 올 때마
다 잠깐씩 보기는 했지만 그녀가 부모님과 하루를 온전히 같이 보
내는 건 14년 만에 처음이었다.

　그녀의 부모님이 차에서 내려 싸 온 짐을 내려놓는데 아이스박
스만 3개였다. 딸은 어머니가 보이자마자 뛰어가 안겼고 어머니
는 그녀를 꼭 안고는 "오랜만이네"라며 짧은 인사를 건넸다. 아버

지는 뒤에서 그 모습을 물끄러미 지켜보았다.

만남의 집 안에는 보통의 가정과 같이 일상에 필요한 가전제품과 주방기구들이 다 갖춰져 있었다. 교도관은 부모님이 가져온 물품 중 반입이 금지된 물품이 있는지 확인한 후 규칙을 지킨다는 서약서를 쓰게 했다. 그동안 딸은 부모님이 준비해 온 음식을 하나하나 풀어서 냉장고에 넣었다. 오렌지, 포도, 사과 등 종류별로 사 온 음료수와 고기, 해산물, 갖가지 반찬⋯. 딸은 이걸 다 어떻게 먹느냐고, 왜 이렇게 많이 싸 온 거냐며 툴툴대면서도 기분이 좋은지 미소를 지었다.

교도관이 떠나고 셋만 남게 되자 어머니는 딸을 방으로 데려가더니 비닐봉지에서 새 스웨터를 꺼냈다. 어머니의 마음을 아는 딸은 너무 예쁘다고 좋아하면서도 이렇게 좋은 옷을 뭐 하러 사 왔느냐고 했다. 모녀의 웃음소리가 새어 나오는 거실에서 아버지는 소파에 앉아 깊은 생각에 잠긴 듯 보였다.

저녁때가 되자 딸은 자신이 음식을 하겠다고 나섰다. 재료를 손질하고 양념을 준비하면서 분주하기는 한데 뭔가 뜻대로 안 되는 듯 고개를 연신 갸웃거렸다.

"14년 만에 요리를 하려니까 잘 안 되네요."

딸이 우여곡절 끝에 가물가물한 기억을 더듬어 만든 저녁상이 한가득 차려졌다. 그렇게 아버지와 어머니 그리고 이제 40대가 된 딸이 오랜만에 같이 저녁을 먹었다. 오늘이 지나면 또 언제 이런 순간이 올지 기약이 없기에 세 식구에게는 일분일초가 귀해 보였다. 딸은 14년 전 교도소에 들어오면서 시간이 멈춰 버린 것 같다고 했다. 세상에 대한 기억도 가족들과 함께했던 모습도 그때에 멈춰 있는데 오늘 이렇게 부모님의 얼굴을 보니 시간이 이렇게나 흘렀구나 싶다고 했다. 그래서 후회가 되지만 14년 전 그때로 다시 돌아간다 해도 결국은 이렇게 되지 않았을까 싶다고 했다.

그러자 내내 침묵을 지키던 아버지가 입을 열었다. 생각을 해 보면 내가 딸을 이렇게 만든 게 아닌가 싶다고, 그래서 그 어떤 말도 할 수가 없다고.

그 뒤로 부모님과 딸은 한참 동안 말이 없었다. 그동안에도 시간은 계속 흘러갔다. 그들에게 언제 다시 올지 모를 귀한 시간이지만 시간은 결코 그들을 기다려 주지 않았다. 나는 그때 시간의 무정함을 느꼈다. 시간은 누구에게나 공평하게 똑같이 흘러가며, 한번 지나간 시간은 결코 다시 돌아오지 않는다는 것을. 셋 사이의 침묵이 길어질수록 이대로 시간이 흘러가는 게 안타까웠지만 되돌릴 방법은 없었다. 그저 같이 보낼 수 있는 시간이 점점 줄어들 뿐이었다.

그렇게 시간의 의미를 되새기는 귀한 경험을 했지만 그 뒤로 내가 시간을 잘 쓰려고 노력했는가 생각해 보면 그건 또 아니었다. 바쁘다는 핑계로 중요하지만 급하지 않은 일들은 뒤로 미루었고, 사랑하는 이들과 보내는 시간과 보고 싶은 친구와의 만남도 다음으로 미루곤 했다.

그러다 2년 뒤 호스피스 병원을 취재하게 되었다. 호스피스는 더 이상 치료가 불가능한 말기 환자들이 각자의 생을 마무리하는 공간이다. 나 또한 아버지를 일찍 잃은 경험을 했기에 죽음을 앞둔 사람들을 만나는 게 두려웠다. 그 공간의 슬픔이 나를 압도할 것만 같았기 때문이다.

그런데 고요한 정적과 슬픔만이 감돌 거라고 생각했던 나의 예상과 달리 호스피스는 당황스러울 정도로 부산스러웠고 다들 바쁘게 뭔가를 하고 있었다. 복도에서 만난 한 할머니는 꽃다발을 들고 병실에 들어갔다. 그러곤 코에 호스를 낀 채 누워 있는 할아버지에게 "사랑합니다"라고 말하며 꽃다발을 안겼다. 할아버지는 암세포가 식도까지 전이돼 목소리를 낼 수 없었다. 그러자 할머니는 눈만 봐도 어떤 말을 하는지 알 것 같다며 할아버지에게 "행복합니다"라고 말했다.

밖에서라면 다 큰 어른이지만 엄마 앞에선 그저 철없는 막내딸인 한 40대 여성은 가능한 한 자주 엄마를 보러 온다고 했다. 그녀는 엄마가 기력이 없어 이름조차 불러 주지 못하지만 그저 자신을 바라봐 주는 것만으로도 좋다면서 지금이라도 할 수 있는 것들을 다 해 주고 싶다고 했다.

50대인 오빠가 말기 암 환자가 되자 하나밖에 없는 여동생은 오빠 곁에서 마지막 정리를 도우며 지내고 있었다. 각자 살기 바빠서 떨어져 지낸 세월이 훨씬 길지만 어릴 때 베개 싸움을 하고 아옹다옹하며 놀았던 기억이 새록새록 떠오른다고 했다.

30대의 한 말기 암 환자는 주말에 두 초등학생 딸이 놀러 오면 사진을 많이 찍어 놓는다고 했다. 나중에 아이들이 아버지가 어떤 모습이었는지 기억하고 싶을 때 사진이라도 볼 수 있게 하기 위해서였다.

나는 그들이 서서히 다가오는 죽음에 마냥 두려워하고 있을 줄 알았다. 지나간 시간을 후회하며 슬픔에 잠겨 있을 줄 알았다. 하지만 그들은 그러지 않았다. 물론 아파서 아무것도 못 할 때도 있지만 아픔이 잦아들었을 땐 평소 하고 싶었던 일을 하고, 사랑하는 사람에게 다가가고, 남은 삶의 순간들을 깊이 음미했다. 죽어 가고 있다는 사실은 슬프지만 그럴수록 남은 시간 동안 최선을 다해 삶을 이어 가려고 노력했다.

그들은 내게 죽어 가고 있더라도 살아 있는 한 여전히 웃고 감탄하고 기뻐할 수 있으며 더욱 농축된 상태로 삶의 모든 것을 누릴 수 있다는 걸 가르쳐 주었다. 또한 소중한 사람과의 일분일초를 후회 없이 보내려 노력해야 한다는 것을, 그것이 우리에게 주어진 축복이란 것을 알려 주었다.

나는 다시 시간의 무정함에 대해 떠올리게 되었다. 시간은 공평하게 주어지고 있었지만 호스피스 환자들과 나는 다른 태도로 시간을 마주했다. 그들은 시간이 얼마 남지 않았다는 것을 알고 있었고, 나는 앞으로도 많은 날들이 내게 남아 있다고 믿었다.

왜 나는 이미 지난 일들을 붙잡고 있는 걸까. 그리고 오지도 않은 일들에 대해 미리 걱정한다고 얻는 건 무엇일까. 지금 이 순간과 상관없는 과거와 미래에 사로잡혀 나는 왜 오늘 하루를 망치려는 걸까. 그럴 때마다 조언을 구하는 나의 친구 《그리스인 조르바》의 조르바. 그는 나에게 이렇게 말하겠지.

나는 어제 일어난 일은 생각 안 합니다. 내일 일어날 일을 자문하지도 않아요. 내게 중요한 것은 오늘, 이 순간에 일어나는 일입니다. 나는 자신에게 묻지요.

"조르바, 지금 이 순간에 자네 뭐 하는가?"

"잠자고 있네."

"그럼 잘 자게."

"조르바, 지금 이 순간에 자네 뭐 하는가?"

"일하고 있네."

"잘해 보게."

"조르바, 사네 지금 이 순산에 뭐 하는가?"

"여자에게 키스하고 있네."

"조르바, 잘해 보게. 키스할 동안 딴 일일랑 잊어버리게. 이 세상에는 아무것도 없네. 자네와 그 여자밖에는. 키스나 실컷 하게."

타인을 함부로
동정하지 않는 태도

　지난해 '유 퀴즈'를 촬영하며 만난 사람 중 가장 인상적인 이가
누구인지 묻는다면 나는 배우 구교환이라고 대답할 것이다. 그는
한창 바쁜 일정을 소화하는 중이었기에 내게 주어진 인터뷰 시간
은 15분 정도밖에 되지 않았다. 일분일초가 아까워 어떤 질문을
하면 좋을지 고민하던 중 그가 같은 대학교 같은 과, 세 학번 아래
후배라는 것을 알게 되었다. 그와 가볍게 인사를 나누며 대화를
시작했는데 그는 말 한마디 한마디 하는 데 있어 무척이나 신중한
사람이었다.

　인터뷰를 진행하다가 문득 독립 영화와 상업 영화 두 영역을
자유자재로 넘나들며 활동하고 있는 감독이자 배우로서 그동안
현장에서 함께해 온 스태프들에게 혹시 미안한 적이 있었는지 물

었다. 그는 잠시 숨을 고르더니 조심스럽게 말했다. 몇 해 전 어느 자리에서 독립 영화 현장에서 같이 고생한 동료 스태프들에게 미안하다는 말을 한 적이 있는데 그게 후회가 된다고 했다.

"왜 후회가 되는데요?"

그는 스태프들이 현장에서 열정을 다해 일을 했는데 미안하다고 하면 마치 누구도 하기 싫어하는, 열악한 일을 하게 해서 미안하다는 말처럼 들릴 수 있겠다는 생각이 들었다고 했다. 미안하다는 말이 자칫 스태프들의 숭고한 열정을 깎아내린 것은 아닌지 걱정이 된 것이다.

"선배님, 아시잖아요. 현장에서 영화 만들 때 보면 진짜 다들 좋아서 하잖아요."

그 말을 듣는 순간 나는 솔직히 부끄러웠다. 그가 열악한 촬영 현장에서 고생한 일화들을 들려줄 것이라고 예상했기 때문이다. 즉 나 또한 스태프들이 힘든 일을 버텨 가며 하고 있다고 생각한 것이다.

그러고 보니 나는 정말 재미있게 일하고 있는데 누군가가 안쓰러운 표정을 지으며 '힘든 일 하느라 고생이 많네'라고 말하면 오히려 힘이 빠지곤 했다. 내 일에 대한 확신이 있기에 그에 따르는 고충쯤은 당연한 것으로 여기며 자부심을 가지고 일을 하는데 연민이나 동정의 눈길이 느껴지면 갑자기 다채로운 색으로 빛나던 장면이 흑백 화면으로 전환돼 버리는 기분이 들었다.

하지만 신기하게도 내 일에 대한 자부심과 확신이 커지니까 타

인의 동정 어린 말과 시선에 흔들리지 않게 되었다. 상대방의 섣
부른 동정과 진짜 걱정하는 마음을 구별할 줄 알게 되었기 때문
이다.

구교환 배우도 정말로 스태프들이 하기 싫은 일을 한다고 생각
해서 미안하다는 말을 하지는 않았을 것이다. 그들이 너무 고마운
데 충분히 보답하지 못한 것 같아 그 말을 한 게 아닐까. 미안하다
는 말조차 조심해서 쓰려는 그의 태도에서 타인에 대한 깊은 배
려가 느껴졌다. 그는 '꿈의 제인'이라는 영화에서 트렌스젠더 역
할을 연기하면서 문득 그런 생각이 들었다고 한다. 상대방의 삶을
살아 보지 않고서 함부로 그를 불쌍하게 여기거나 그런 시선을 보
내는 것 자체가 잘못된 편견일 수 있다는 것. 상대가 원하는 건 섣
부른 동정의 눈길이 아니라 그 어떤 편견도 없는 시선이라는 것.

그와의 인터뷰를 마치고 여러 생각이 들었다. 그러다 몇 년 전
촬영했던 조선소 선박 수리 현장이 떠올랐다.

3,500톤의 배가 5년의 항해를 마치고 조선소에 들어오면 약
100여 명의 기술자들이 배를 수리하기 시작한다. 귀가 찢어질 듯
한 굉음을 이겨 내며 곳곳에서 일하고 있는 기술자들. 용접하면서
생기는 불꽃과 여기저기 쌓여 있는 철제물, 튀어나와 있는 전선,
그리고 기름이 묻어 있는 계단…. 카메라를 들고 위태로운 철제
계단을 내려가는데 무서워 식은땀이 나기 시작했다. 까딱하면 저
아래로 떨어질 것 같았고, 잘못해서 불꽃이 나에게 튀면 어떡하나
덜덜 떨리기까지 했다. 그렇게 나는 계단 하나하나를 조심스럽게

내려가 용접을 하고 있는 한 기술자를 만났다.

60대의 그는 이 일을 해 온 지 이제 40년이 다 되어 간다고 했다. 한참 더운 여름에 온몸을 덮는 작업복과 용접의 불꽃까지 더해져 그의 얼굴은 땀으로 범벅되어 있었다. 용접을 마치고 목이 마른지 생수병을 찾는 그에게 나는 물었다.

"힘드시죠?"

그러자 그는 활짝 웃으며 말했다. 이 기술로 밥벌이를 해 온 게 40년이 다 되어 가는데 그동안 자신의 손을 거쳐서 나간 배가 셀 수 없이 많아 참 뿌듯하다고. 자신이 고친 큰 배가 바다로 나가는 걸 볼 때마다 그렇게 기쁠 수 없다고 말하며 생수를 꿀꺽꿀꺽 마시는데 그 물이 그렇게 맛나 보였다.

그래, 저런 마음가짐으로 일을 한다면 온몸이 젖을 정도로 땀을 흘린 후 마시는 물맛은 얼마나 달까. 저 물맛을 못 느껴 본 내가 어떻게 감히 저 고생을 동정할 수 있을까. 나는 그에게 "힘드시죠?"라는 말 대신 "멋있으세요"라는 말을 건네야 했다.

　누군가에겐 쓸모없다는 이유로 버려진 물건들의 종착지, 고
물상.

　2009년 '다큐 3일' 팀은 도로변에 고물상 세 곳이 나란히 자리
잡고 있는 신월동 고물상 거리를 찾았다. 그곳의 아침은 이른 시
간부터 분주했다. 새벽 6시가 되자마자 폐지를 싣고 온 수레들이
줄을 이었고 각각의 수레마다 구멍 난 냄비, 고장 난 밥솥 같은 고
철부터 라면 박스, 헌 옷, 재활용품까지 없는 게 없었다. 고물값 역
시 단돈 몇백 원부터 몇만 원까지 천차만별이었다.

　사람들은 모아 온 물건들을 고철과 폐지, 의류 등으로 각각 분
류한 뒤에 자신의 차례가 오면 물건을 저울에 달았다. 몸무게가
40kg도 안 돼 보이는 할머니가 손수레에 폐지를 가득 싣고 와 받

은 돈은 4,400원. 할머니는 그 돈으로 하루 먹거리를 살 것이라고 했다.

마트에서 쓰레기를 치워 주고 받은 폐지를 팔러 온 할아버지는 24,000원을 받고는 막걸리를 24병이나 살 수 있겠다며 무척 좋아했다. 이것도 안 하면 어디 가서 막걸리 한 병 사 달라고 아쉬운 소리를 해야 하는데 이렇게 내 손으로 술 사 먹을 돈을 벌 수 있는 게 어디냐고 했다.

고물상을 방문하는 사람들이 모두 인터뷰에 호의적인 건 아니었다. 그중에는 인터뷰를 꺼리는 이들도 있었다. 고물을 주우러 하루에 동네를 몇 바퀴씩 돌면서 생긴 몸의 고단함과 고물 수집이 지저분하고 힘든 일이라는 세상의 편견에서 비롯된 마음의 고단함이 그들의 마음을 닫아 버린 것이다. 그들은 카메라를 부담스러워하며 피해 다니거나 손사래를 쳤다.

점심시간이 돼서 다른 사람들은 먼저 식사를 하러 가고 나 혼자 남아 있을 때였다. 작은 체구의 할머니가 폐지를 가득 실은 유모차를 끌고 고물상 안으로 들어오는가 싶더니 문 앞에 힘없이 쪼그리고 앉았다. 할머니는 하루 종일 아무것도 먹지 못하고 설탕물만 간신히 먹고 여기까지 왔다고 했다. 그렇게 폐지를 팔고 받은 돈은 2,500원. 고물상 사장이 요구르트를 건네자 목이 말랐는지 할머니는 그 자리에 앉아 바로 요구르트를 들이켰다.

그때였다. 손에 힘이 없는 탓일까 할머니가 500원짜리 동전을 땅에 떨어뜨리고 말았다. 그러곤 동전이 바로 눈앞에 있는데도 그

걸 못 찾아서 한참 동안이나 손으로 땅을 더듬거렸다. 1분쯤 지났을까, 관찰자로서 카메라에 그 모습을 담던 나는 감정을 누르지 못하고 결국 눈물을 보였다. 땅을 더듬는 할머니의 손을 보며 500원이 얼마나 소중한지 느껴졌기 때문이다.

경기가 어려운 탓에 고물값마저 떨어져 찾아오는 손님들에게 대가를 넉넉히 챙겨 주지 못하는 것이 안타깝다는 한 고물상 사장님은 이렇게 말했다.

"옛날에는 돈을 어느 정도 챙겨 드릴 수 있어서 마음이 뿌듯했는데 가격이 너무 떨어졌어요. 그래서 먼저 미안합니다, 하고 돈을 드려요."

쓸모가 없어 내다 버린 물건을 사람들은 흔히 쓰레기라고 한다. 하지만 쓸모없는 것들을 주워 그것으로 생계를 유지하는 사람들에게 그것은 결코 쓰레기가 아니다. 부지런히 모은 만큼 무게는 더 나가게 마련이고, 그만큼 하루 벌이도 늘어난다. 이보다 더 정직한 밥벌이가 또 있을까.

그러나 고물을 주우러 다니는 일을 한다는 이유만으로 사람들은 곱지 않은 시선을 보내기도 한다. 고물을 팔아 가족의 생계를 책임지고 있는 한 젊은 여성은 어느 식당에 갔는데 아무도 주문을 받으러 오지 않더라고 했다. 노숙자인 줄 알고 그랬던 것 같다며 참았던 눈물을 보였다. 하지만 쓰레기를 만지는 자신을 보고 사람들이 쳐다보고 수군거려도 부지런히 일해서 그걸로 먹고 살기에 떳떳하다고 했다.

마찬가지로 청각 장애와 언어 장애가 있는 두 아들 대신 돈을 벌어야 하는 71세 할머니한테 폐지를 줍는 일은 허리가 꼬부라지고 배운 게 없어도 할 수 있는 일이다. 78kg 나가는 수레를 끌 수 있고, 부지런하다면 충분히 할 수 있는 일.

그것은 또 어느 남편이 아내의 병원비를 마련하기 위해 비가 오나 눈이 오나 하는 일이고, 페인트칠을 하는 작업공이 경기가 어려워 아파트 건설 일이 줄었을 때 단 만 원이라도 벌기 위해 하는 일이다.

남한테 손 안 벌리고 아쉬운 소리 안 하고 내가 먹고살 수 있을 정도만 벌 수 있으면 더 바랄 게 없다는 사람들의 말을 들으며 이런 생각이 들었다.

누군가에겐 쓸모없어 버린 쓰레기가 이들에겐 귀하게 보이는 것처럼 고물을 줍는 일도 누군가의 생을 가능하게 하는 빛나는 일이라고. 그러고 보면 세상에 하찮은 일은 없다.

당당하게 살기 위해
지켜야 할 한 가지

보육원을 퇴소하고 자립을 시작한 청년들을 만났다. 그들은 몇 개월 혹은 1년 전부터 자립할 준비를 해 왔지만 아직 실감이 나지 않는다고 했다. 보육원에서 여럿이 같이 지내다 보니 혼자 살 생각을 하면 설레기도 하지만 한편으론 두려운 것도 많다고 털어놓았다. 물론 그렇다고 해서 보육원에 계속 있을 수는 없다. 만 18세가 되면 보호 종료 아동이 되어 본인의 의지와 상관없이 세상 밖으로 나와야만 한다. 그래서 그들은 국가에서 주는 자립 지원금에 맞춰 집도 알아보고 일할 곳도 찾으며 혼자 살 준비를 시작한다.

난생처음 자신의 이름으로 계약한 집, 원룸이고 가구도 살림도 변변치 않지만 그래도 괜찮았다. 혼자 살면 해 보고 싶은 것들이 있었고 그걸 마음대로 해도 된다는 사실에 들뜨기도 했다. 깜깜한 밤 집에 와도 반겨 줄 사람이 없으며, 방에 있으면 들리는 건 자신의 발소리밖에 없다는 것도 참을 만했다. 그래도 어느 만큼은 보육원 선생님들의 조언과 선배들의 도움으로 헤쳐 나가며 살아갈 수 있었다.

그런데 정작 그들을 힘들게 만든 건 아주 사소한 일들이었다. 예를 들면 축의금을 내는 기준이라든가 고지서를 어떻게 내야 하는 건지, 가스 밸브는 어떻게 켜는지, 음식물 쓰레기는 어떻게 처리하는 건지 하는 일들 말이다.

보육원에서는 원생들을 관리하는 선생님들이 처리하는 일이었기 때문에 그런 것들을 배울 수가 없었다. 차라리 법이나 제도, 취업 문제 같은 일들은 이제껏 그래 왔듯 보육원 선생님이나 선배들에게 물어볼 수 있는데, 이런 것까지 물어봐도 될까 싶을 정도로 아주 사소한 일들이 오히려 그들의 발목을 붙잡았다. 다른 친구들은 부모님에게 물어보면 되는 자질구레한 일들이었지만 그들에겐 마땅히 물어볼 데가 없었던 것이다. 그럴 때마다 그들은 혼자라는 사실을 절감할 수밖에 없었다.

마찬가지로 다른 아이들처럼 자신이 평범한 가정에서 자라지 않았다는 것을 깨닫는 순간도 아주 사소한 일들 때문이었다. 학창 시절 친구네 집에 놀러 갔는데 반찬을 접시에 놓고 같이 먹는 게 너무 낯설었단다. 보육원에서는 개인별로 식판에 반찬을 덜어 먹었기 때문이다. 그때부터 자연스러운 걸로 여기던 일상의 많은 것들이 창피하게 느껴지기 시작했다. 몇십 명이 한 사람을 엄마라고 부르는 일, 공동으로 쓰는 장난감, 같은 색과 같은 디자인의 옷을 너도나도 똑같이 입는 일 등등….

그래서 나와 인터뷰를 한 청년들은 자신과 같은 환경의 친구들이 사소한 어려움들에 부딪혔을 때 무너지지 않기를 바라는 마음에 용기를 내었다. 자신들의 신분을 밝히고 보호 종료 아동들의 자립을 돕는 캠페인을 벌이게 된 것이다.

우리 주변에는 아직도 그들이 '고아'라는 이유만으로 곱지 않은 시선을 보내는 사람들이 존재한다. 그래서 그들도 자신들의 신분을 밝히기까지 고민이 많았다. 고아라는 사실을 밝히는 순간 사람들의 달라지는 시선과 차별을 겪으며 상처를 너무 많이 받았고, 또다시 그걸 감당할 수 있을까 자신이 없기 때문이었다. 하지만 만 열여덟의 나이에 세상에 혼자 서야 하는 것이 얼마나 어려운 일인지 잘 알기에 용기를 내게 되었다.

한 해에 보육원을 퇴소하고 세상에 혼자 서야 하는 보호 종료 아동이 2,500여 명에 달한다. 그들은 "자립을 위해 어떤 것이 제일 필요하냐"는 질문에 이제 자신을 지켜 줄 어른이 아예 없다는 게 너무 두렵다고, 그런 어른이 제발 한 명만이라도 있으면 좋겠다고 했다. 그래서 나와 인터뷰한 청년들은 보호 종료 아동들에게 그런 어른이 되어 주기로 했다. 그들이 사회의 한 일원으로 독립하는 과정에서 어떤 난관에 부딪쳤는지 공론화시키면서, 지원 제도를 만드는 사람들이 상상할 수 없는 부분까지 개선해 나가는 데 힘이 되기로 한 것이다. 보호 종료 아동들이 자신들처럼 사소한 어려움에 무너지지 않게 지켜 주고 싶은 마음에서였다. 그 선택으로 다시 상처를 입더라도 기꺼이 감당하기로 결심한 것이다.

내가 만약 그들과 같은 입장이었다면 나는 그 상황에서 용기를 낼 수 있었을까. 그들은 자신의 의지와 무관하게 세상에 태어났고, 의지와 무관하게 버려졌다. 그러니 '고아'가 된 것은 그들의 잘못이 아니다. 그런데 그들은 고아라는 이유만으로 태어난 순간부터 편견과 차별 앞에 놓인다. 캠페인에 참여한 청년들은 그런 삶 속에서 어떤 것을 깨닫고 얻은 것일까. 그 해답을 나는 독일 철학자 페터 비에리 교수의 글에서 찾을 수 있었다.

페터 비에리 교수는 《삶의 격》에서 자신의 존엄성을 찾은 사람을 "외부의 판단을 반드시 자신의 판단과 동일시해야만 할 불가피한 이유가 없다는 것을, 어째서 나 자신을 타인의 눈을 통해 바라봐야만 하는지 아무런 근거가 없음을 아는 사람"이라고 말하며 그들은 타인의 관점이 더 이상 위험으로 작용하지 않기 때문에 숨어 살아야 할 필요를 느끼지 못하게 된다고 했다. 그러면 결함이라 생각되던 것들이 더 이상 결함이 아니게 되기 때문에 당당할수 있다고도 했다.

그렇다면 캠페인에 참여한 청년들이 바로 자신의 존엄성을 찾은 사람들이 아닐까. 그들은 고아에 대한 편견을 가진 이들이 자신들을 어떻게 바라보든 더 이상 움츠러들지 않고 당당하게 살아갈 것이며, 고아라는 사실이 더 이상 숨어 살아야 할 이유가 되지 않는다고 밝힌 것이나 다름없다. 즉 타인의 관점과 상관없이 자신의 존엄성을 지키며 살아가기로 결심한 것이다.

그리고 그렇게 찾은 존엄성이 자신들에게 준 해방감을 알기에 그들은 다른 보호 종료 아동들도 그렇게 되기를 바란다. 편견이나 차별 앞에 당당하고, 타인이 절대 해칠 수 없는 각자의 세계를 만들어 나가기를 희망하는 것이다.

chapter 4

그럼에도 우리에게는
위로가 필요하다

네가 뭔데 위로를
하느냐고 묻는다면

2009년 12월, 그해 가장 추웠던 날 오전 8시. 명동 뒷골목으로 들어가는 사람들을 따라가 보니 일찍부터 문을 연 식당이 하나 있었다. 2,500원짜리 콩나물국밥이 가장 인기라는 그 가게에는 증권맨, 상인, 호객꾼, 건설 현장에서 일하는 일꾼 등 다양한 사람들이 이른 아침을 먹고 있었다.

한 테이블에서 밥을 다 먹은 무리가 일어나 밥값을 내자 식당 사장은 친근하게 아침 인사를 건네고는 나한테 그들을 친구 자랑하듯이 소개했다. 처음 만났을 때는 노숙을 했지만 지금은 밤새 폐지를 주워서 생계를 유지할 뿐 아니라 자립해서 쪽방을 얻어 살고 있는 훌륭한 사람들이라고.

사실 그들이 처음 식당에 왔을 때는 술 냄새와 악취가 심해서 다른 손님들이 싫어했단다. 그래도 배고파서 온 사람들을 그냥 내치기가 뭐해 다른 손님들이 불평해도 받다 보니 어느새 단골이 되었다고 했다. 나중에 친해지고 난 후 안타까운 마음에 그들에게 저금을 좀 하라고 잔소리를 하게 되었는데 자기들은 통장을 만들 자격이 안 된다고 했다. 그러자 식당 사장은 그들에게 한 가지 제안을 했다.

"나를 믿는다면 내가 통장을 만들어 줄 테니 하루에 만 원이라도 저금을 해라."

다음 날부터 그들은 만 원이고 오천 원이고 돈이 생기는 대로 가져왔고, 그는 통장을 만들어 그 돈을 고스란히 넣어 두었다. 그중 한 사람은 4개월쯤 지나자 모인 돈이 300만 원 가까이 되었고, 결국 그 돈으로 쪽방을 얻게 되었다. 매일 집도 절도 없이 떠돌아다니다 쫓겨날 걱정을 하지 않아도 되는 방이 하나 생긴 것이다. 그는 너무 기뻐 어쩔 줄을 몰라 했고, 사장은 마치 제 일처럼 축하해 주었다. 쪽방에 들어가던 날, 둘은 노래방에 가서 신나게 노래도 불렀다고 한다.

물론 남을 위해 통장을 만들고 거기에 꼬박꼬박 돈을 입금하는 것이 쉬운 일은 아니었다. 하지만 사장은 그들이 처음부터 남 같지 않았다고 했다. 자신도 IMF 때 사업을 하다 망해서 방황을 한 적이 있었기 때문이다.

사업에 실패해 일도 손에서 놓고 아들은 시골집에 맡겨 놨는데 어느 날 아들이 실종됐다는 경찰의 연락을 받게 되었다. 깜짝 놀라 달려가 보니 아들이 교통사고를 당해 응급실에 누워 있었다. 피투성이인 채로 의식을 잃은 아들은 사고가 난 지 17일이 지난 다음에야 의식을 되찾았는데 몸의 반을 쓰지 못했다. 아들이 원래의 상태로 돌아온 건 그로부터 3개월이 지난 다음이었다.

그동안은 살아도 사는 게 아니었다. 아들이 반신불수가 되는 건 아닌지 걱정되어 뜬눈으로 밤을 지새우기 일쑤였다. 사업 망한 게 뭐라고, 까짓것 다시 일어서면 될 걸, 자신 때문에 멀쩡한 아들이 안 당해도 될 사고를 당한 것 같아 미칠 것만 같았다. 그 과정을 겪으며 그는 아들만 살릴 수 있다면 뭐든 하겠다고 기도했다. '내가 정신을 차리고 다시 일을 해야지 이 가족들을 지킬 수 있겠구나' 싶어 다시 마음을 다잡게 된 것이다.

오히려 그때 사고가 나지 않았더라면 자신이 어떤 삶을 살고 있을지 모르겠다는 그는 나에게 아침 안 먹었으면 콩나물국밥 한 그릇 먹고 가라고 했다. 다른 식당들은 아직 문도 열지 않은 이른 아침 배고픈 사람들을 먹여 보겠다고 정성스럽게 콩나물국밥을 만드는 사장. 다른 식당의 반도 안 되는 가격에 또 한 번 놀랐다. 그렇게 진심으로 지은 밥을 먹으며 나는 라이너 마리아 릴케가 쓴 《젊은 시인에게 보내는 편지》의 한 구절을 떠올렸다.

"당신을 위로하는 사람이라고 해서 그 위로하는 좋은 말들처럼 평탄한 인생을 살고 있다고 생각하지 마라. 그의 인생 역시 어려움과 슬픔으로 가득 차 있을 것이다. 당신의 인생보다 훨씬 더 뒤처져 있을 것이다. 그렇지 않다면 그 좋은 말들을 찾아낼 수조차 없었을 것이다."

노숙자의 마음을 이해하기에 기꺼이 통장을 만들어 주었던 사장님은 오늘도 어김없이 콩나물국밥을 부지런히 만든다. 그리고 누군가는 그 국밥을 먹고 오늘을 살아갈 힘을 낸다.

114 전화번호 안내 서비스. 예전에는 전화번호부와 함께 사람들에게 없어서는 안 될 서비스였다. 전화번호를 모르는 곳이 있으면 무조건 114에 물어봐야만 했다. 하지만 요즘에는 스마트폰으로 상호만 검색해도 전화번호를 알 수 있기 때문에 사람들은 114 서비스를 별로 이용하지 않는다. 그러자 114 서비스는 휴대폰 사용이 어려운 사람들을 위해 특화된 서비스를 하기 시작했다. 지도 안내, 유명 맛집 안내, 가게 검색 등 노인들이나 장애인들이 궁금해하는 것을 안내해 주는 방향으로 서비스를 전환한 것이다.

어느 날 한 상담사는 말을 심하게 더듬는 고객으로부터 전화를 받았다. 무슨 말인지 알아들을 수 없어 난처했지만 상담사는 일단 고객을 안심시키고는 한 글자, 한 글자 천천히 발음해 달라고 부탁했다. 고객은 한 글자씩 띄엄띄엄 "마… 스… 크… 파… 는… 곳"이라고 말했고, 노력 끝에 상담사는 마스크 파는 곳을 안내할 수 있었다.

그런데 고객이 갑자기 전화기를 붙들고 울음을 터뜨렸다. 자신이 말을 심하게 더듬기 때문에 안내를 못 받을 수도 있다고 생각했는데 이렇게 친절하게 안내해 줘서 고맙다는 것이었다.

한번은 나이 든 고객이 전화를 걸어 보일러 기름 넣는 방법을 알려 달라고 했다. 강원도 폭설로 고립이 되었는데 기름 넣는 방법을 몰라 전화를 했다는 것이다. 상담사는 얼른 알려 주겠다며 고객을 안심시킨 다음 인터넷으로 보일러 기름 넣는 법을 알아내 천천히 안내했다. 고객은 너무 고맙다고, 오늘 밤엔 따뜻하게 잘 수 있을 것 같다고, 앞으로 평생 114를 이용하겠다고 약속했다. 그러자 상담사는 저희가 오히려 고맙다고, 잊지 않고 찾아 줘서 고맙다고 했다.

휴대폰으로 검색이 안 되는 게 없다 보니 자연스럽게 114를 이용하는 고객도 현저히 줄었다. 하지만 그럼에도 어떤 사람들에게는 114가 없어서는 안 될 너무나 고마운 존재다. 그렇게 사라져 가는 직업을 가진 이와 누군가의 도움 없이는 살 수 없는 이가 서로를 돕고 있다. 서로를 고마워하면서 말이다.

작년 겨울 tvN '어쩌다 사장2'라는 방송 프로그램 촬영을 위해 나주 공산마트의 3일을 기록하게 되었다. 공산마트는 24시간 연중무휴로 운영하는 할인마트이다. 시골 동네다 보니 대형 마트와 경쟁해서 살아남을 수 있을까 걱정이 많았지만 사장은 뚝심 있게 밀어붙였다. 품목을 다양화해서 단 한 명의 손님이라도 필요로 하는 물건이라면 어떻게든 갖다 놓으려고 애썼고, 슈퍼마켓 협동조합과 도매상 등 가격이 저렴한 루트를 뚫어서 이틀에 한 번씩 방문해 재고량을 줄이고 물건을 값싸게 들여오는 데 힘썼다.

그래서 공산마트에는 없는 게 없다는 말이 나올 정도로 물건이 다양했다. 버스표도 팔고, 옷도 팔고, 변기용품도 팔고, 애들 장난감도 팔았다. 그러나 무엇보다 그가 신경 쓰는 것은 손님들에 대한 배려였다. 마트가 버스 정류장 근처에 있다 보니 버스표도 파는데, 버스를 기다리는 사람들이 춥거나 더운 날이면 마트 안에서 기다릴 수 있게 의자를 두었고, 기다리면서 커피도 공짜로 먹을 수 있게 했다. 그뿐만이 아니었다. 공산마트가 문을 닫으면 동네에 슈퍼가 없어서 사람들이 차를 타고 멀리까지 나가야 했다. 그래서 그는 공산마트를 열고 하루도 쉬지 못했다. 덕분에 아이들 셋을 낳고 키우면서 21년 동안 가족 여행 한번 가 보지 못했지만 그래도 괜찮다고 했다.

그런 그가 자신이 한 최고의 선택이라고 꼽은 것은 바로 마트 안에 정육점을 유치한 것이다. 마트 안 정육점을 운영하는 또 다른 사장 내외는 공산면 출신이 아니다. 충청도 공주에서 살다가 남편이 해고를 당하면서 단돈 30만 원을 들고 쫓기듯 공산면으로 왔다. 이후 정육점 사장은 새벽 4시에 일어나 도축장에서 일하고 아르바이트까지 하며 생계를 꾸려 갔다. 하지만 아이가 폐렴으로 아픈데도 돈 3천 원이 없어서 병원을 못 갈 정도로 가난했다. 그는 말했다.

"당시에 면사무소에는 어려운 사람들을 위한 쌀 나눔 통이 있었는데 그 앞까지 가서는 차마 퍼 올 수가 없었다. 나 자신한테 화가 나고, '왜 이렇게밖에 못 살지'라는 생각이 들었다. 그런 시기에 마트 사장님이 정육점을 하지 않겠냐는 제안을 주신 거다. 얼마나 고마웠는지 모른다."

하지만 모아 놓은 자본금이 없어서 선뜻 그 제안을 받아들일 수가 없었다. 고민하던 정육점 내외는 장인 장모를 찾아가 사정했다. 장인 장모는 "가진 게 없으니 줄 건 이것밖에 없다"며 갖고 있던 모든 패물을 건넸다. 그렇게 우여곡절 끝에 마트 안에 정육점을 시작하게 되었는데, 워낙 솜씨가 좋다 보니 소문이 나기 시작했다. 이제는 집도 생기고 축사도 생겼으며 마트 옆에 아들에게 따로 가게를 내줄 만큼 돈도 벌었다.

정육점 사장은 내내 마트 사장에게 고마움을 표했다. 처음에 자신의 어려운 형편을 듣고 마트 사장이 무상으로 냉장고를 제공해 줬고, 가겟세도 지금까지 한 번도 올리지 않고 있다고 했다. 하지만 마트 사장은 고개를 가로저으며 정육점이 들어오고 나서 마트도 덩달아 매출이 올라 오히려 덕을 보고 있다고 말했다. 서로의 존재가 너무나 고맙고 든든하다는 마트 사장과 정육점 사장을 보면서 저렇게 감사할 줄 아는 마음이 그들에게 더 나은 삶을 선물한 게 아닐까 생각했다.

코로나 팬데믹은 사람들의 만남을 가로막았고, 어느덧 우리는 단절에 익숙해졌다. 하지만 여전히 우리 곁에는 타인에게 도움이 되길 바라고 서로의 존재를 고마워하며 사는 사람들이 있다. 그리고 그들을 보고 있으면 나는 역시 희망은 사람에게 있다고 느낀다. 돕고 산다는 것, 그것은 누군가의 일방적인 희생이나 양보가 필요한 일일 수도 있지만 진심으로 서로의 존재를 고마워한다면 그것만으로도 충분할 수 있다.

일의 기쁨과
슬픔에 대하여

"회사에서 울어 본 적 있어?"

오랜만에 만난 친구가 그랬다. 누군가 회사에서 울어 본 적 있
냐고 묻는데 그 얘기를 듣는 순간 그냥 눈물이 쏟아지더라고. 그
러면서 나지막이 말했다.

"아무리 억울해도 그게 회사에서 월급을 받는 대가려니 생각
하며 참아 왔는데 그동안 알게 모르게 쌓인 게 많았나 봐. 눈물이
안 멈추더라고. 나도 놀랐다니까."

나는 회사를 다녀 본 적이 없다. 9시까지 출근하기 위해 매일
지옥철을 탄 적이 없고, 출퇴근 카드를 찍어 본 적도 없다. 하지만
나 역시 지난 15년 동안 부지런히 일을 해 왔다. 프리랜서이다 보
니 자유로웠지만 대신 언제 일이 끊길지 모른다는 불안감을 안고

살아야 했다. PD가 바뀌거나, 방송에 문제가 생겨 시청자들로부터 항의가 들어올 때마다 가슴이 덜컥 내려앉았고, 이러다 프로그램이 없어지면 어쩌나 전전긍긍하기도 했다. 그 과정에서 몇 번인가 울었던 것 같다. 그냥 다 놔 버리고 도망가고 싶다는 생각을 하기도 했다.

그럴 때마다 늘 궁금했다. 도대체 30~40년 넘게 일해 온 어른들은 어떻게 그런 순간들을 버텨 왔는지, 그럴 때마다 무슨 생각을 했는지 말이다.

그래서 시장에서, 길거리에서, 노점에서, 건설 현장에서 만난 어른들에게 부지런히 물었다. 힘들지 않느냐고, 괜찮냐고, 도망가고 싶었던 때는 없었냐고. 다음은 그런 질문들을 했을 때 인상적인 대답을 했던 사람들의 이야기이다.

40년 넘게 세운상가를 지키고 있는 온열기 가게 사장.

2,000원 들고 상경해 기술을 배워 보겠다고 들어온 세운상가. 군기 잡는 선배들 탓에 늘 상처를 달고 살았던 시절, 밤마다 가게 안 바닥에 자리 깔고 누워 갈라진 상처 위에 발랐던 안티푸라민 연고. 그는 그 연고를 아직도 서랍 속에 간직하고 있다.

지금도 가끔 사는 게 버거울 때면 그 연고를 꺼내 냄새를 맡곤 한다고.

"이게 내 고생의 냄새야. 이 냄새를 맡으면 '지금 이쯤이야'라고 생각하게 된다니깐!"

세종시 건설 현장, 30층 건물 옥상 철근 작업을 마치고 숙소에 들어온 현장 과장.

그는 새벽 5시에 눈을 떠 이불을 개고 일어나 하루 종일 현장에서 보내고 다시 숙소로 돌아와 이불을 펴고 눕는다.

서른셋에 중동 건설 현장에서 일을 시작한 후 30년 넘는 세월 동안 그는 집에서 일주일 이상을 보내 본 적이 없다. 그래도 다섯 아이들은 어찌어찌 키웠는데 자신과 아내의 노후를 하나도 준비해 놓지 못해 그게 걱정이다. 앞으로 일할 수 있는 시간이 3년쯤 되려나, 그것만 생각하면 잠이 오지 않는다.

지난 30년 누군가의 집을 만드는 동안 그의 집엔 그가 없었다.

종로 닭한마리집.

어린 시절 아들은 엄마를 가게에 빼앗겼다고 생각했다. 울며 출근하는 엄마를 쫓아가다 길을 잃은 적도 많았지만 서른이 된 지금 그 가게를 이을 다짐으로 매일 닭 손질을 열심히 하고 있다. 엄마의 이름에 누가 되지 않기 위해서.

아들의 오른손엔 굳은살이 훈장처럼 박여 있다.

대전 유성시장, 오일장이 지나면 한산해지는 시장터 한편에 있는 허름한 흙집.

장터집 할머니는 그곳에서 40년 넘는 세월을 보냈다. 그녀는 젊은 시절 두 번째 아이까지 유산하자 남편한테 쫓겨났다. 갈 곳도 없고 어찌 살아야 하나 막막했던 그녀는 우연히 장터집에 들러 국수를 먹게 되었다. 그러다 주인 할머니에게 "나도 이런 가게 하나 했으면 좋겠다"고 푸념을 늘어놓았는데 할머니가 마침 가게를 내놓으려 했다며 잘되었다고 했다. 그래서 엉겁결에 다음 날부터 그곳은 그녀의 새 터전이 되었다. 그녀는 일어나면 흙집에서 장사하고 마치면 붙어 있는 방에 들어가 잠을 청했다. 그렇게 반평생을 장터집 주인으로 살아왔다.

그런데 최근 시장을 재개발한다는 얘기가 돌면서 마음이 심란하다고 했다. 40년 동안 유성시장에서 살아왔고, 아는 사람들도 다 시장 사람뿐인데 재개발이 되면 자신은 어디로 가야 할지 모르겠다고 했다. "3년 뒤엔 내 나이 여든이니 내가 죽고 나서 개발이 되면 참 좋겠다"고도 했다.

재개발. 누군가에게는 낡은 건물들이 사라지고 새 아파트 들어왔네, 생각하고 말 일이다. 하지만 들여다보면 할머니처럼 누군가의 절실한 생이 보인다.

부평 깡통시장 앞 노점에 재봉틀 하나 놓고 수선 일을 하는 할머니.

갑자기 남편이 죽고 난 뒤 아들 둘 데리고 부산에 내려와 외삼촌 가게 앞에 재봉틀 놓을 공간만 내달라 애원해 자리한 게 36년 전. 지나가는 사람들 한마디씩 받아 주느라 입도 바쁘고 재봉틀 돌리는 손도 바쁘다. 잠시 후 시장을 돌며 과일 파는 아주머니가 할머니 옆에 리어카를 세워 두고 의자에 앉아 한숨을 돌린다. 할머니가 웃으며 말한다.

"내가 정거장이야. 사람들이 돌다가 걷다가 지치면 여기에 앉아 쉬다가 가는 거야."

택배 사업소에서 어느 기사를 만났다.

그는 커피 전문점, PC방 등 여러 일을 하면서 망하기도 했고 때론 희망을 보기도 했다. 그래도 한 번도 쉰 적은 없었는데 어느 날 신장암 초기 진단을 받게 되었다. 신장의 반을 떼어 내는 수술을 하고 3년간 아무 일도 할 수 없었다. 회복이 되어 다시 일을 찾아나섰지만 막막했다. 자신을 받아 줄 곳이 있을까 싶었기 때문이다. 그러다 하게 된 택배 일.

한참 바쁘게 배달을 마친 그는 나에게 마디에 구멍이 난 장갑을 보여 줬다. 하도 노크를 많이 하다 보니 장갑에 구멍이 났단다. 그의 손가락 마디마디에는 굳은살이 배겨 있었다.

"처음 택배 일을 하게 됐을 때 얼마나 신이 났는지 몰라요. 솔직히 뭘 해야 할지 막막했는데 일자리가 생긴 거니까요. 그냥 일을 하는 것 자체가 참 좋았어요."

이제 택배 일을 한 지도 10여 년, 지금도 시작할 때 트럭에 가득했던 물건들이 차츰 비어 가는 모습을 보고 있으면 기분이 좋고, 마지막에 비어 있는 짐칸을 보면 오늘 하루도 잘 살았다 싶다고 했다. 여전히 그는 수술 후 3년간 아무 일도 못 했던 때만 생각하면 아찔하다고 했다. 그래서 일할 수 있는 지금이 너무 좋단다.

　오갈 데가 없어 시작했든, 할 줄 아는 게 없어 시작했든 그들은 모두 자신만의 방식대로 열심히 일해 왔다. 그리고 되면 되는 대로, 안 되면 안 되는 대로 그 시간들을 버티다 보니 여기까지 왔다고 했다. 앞으로도 꽃길만 있을 것이란 기대는 하지 않았다. 다만 힘이 닿는 한 계속 일하고 싶다고 했다. 그들에게 굳은살은 아픔이 아니라 사람들에게 자랑하고 싶은 훈장이고, 일할 수 있는 지금이 너무 좋기 때문이다.

　왜 나는 그동안 굳은살이 아픔이고 슬픔이라고만 생각했을까. 굳은살이야말로 그동안 인생을 열심히 살아왔다는 증거인데 말이다. 어쩌면 나는 힘들고 고생스러운 건 피하고, 그냥 쉽게 가고 싶었던 것은 아닐까.

레이먼드 카버의 단편 소설 중 〈별것 아닌 것 같지만 도움이 되는〉을 참 좋아한다.

한 젊은 부부가 있다. 사랑하는 아들의 생일날 아침, 엄마는 빵집에 생일 케이크를 주문한다. 그러나 아이는 교통사고를 당하고 혼수상태에 빠진다. 모든 게 갑자기 송두리째 무너진 부부는 의사와 간호사에게 어떤 긍정의 말이라도 듣기를 바라지만 그들은 "곧 괜찮아질 거예요"라는 형식적인 말을 건넬 뿐이다.

이 사실을 알 리 없는 빵집 주인은 주문해 놓고 케이크를 찾으러 오지 않는 부부에게 계속해서 전화를 한다. 하지만 아이 엄마는 혼수상태에 빠진 아이 걱정에 케이크를 주문한 사실조차 잊어버린다.

결국 아이는 죽고 만다. 부부가 슬피 울며 서로를 위로하고 있는데 또다시 빵집에서 전화가 걸려온다. 참을 수 없는 분노를 느낀 부부는 빵집으로 향한다. 깊은 밤, 불이 켜져 있는 빵집에선 주인이 바쁘게 빵을 만들고 있었다. 부부는 빵집 문을 두드리며 "그 애는 죽었다고. 이 못된 놈아!"라고 말하며 울음을 터트린다.

빵집 주인은 앞치마를 벗고 더듬더듬 위로를 건넨다. 뭐라고 말해야 할지 모르겠지만 진심으로 미안하다고, 여태껏 혼자 외롭게 빵만 구우며 살아와서 당신들이 지금 얼마나 상심이 큰지 알 수 없지만 여기 빵과 커피가 있으니 그걸 먹고 기운을 차려 보라고. 그러고는 부부를 탁자에 앉게 하고 갓 구운 빵을 건넨다.

"내가 만든 따뜻한 롤빵을 좀 드시지요. 이럴 땐 뭘 좀 먹는 게 별것 아닌 것 같지만 도움이 될 거요."

하루 종일 배고픈 줄도 몰랐던 부부는 그제야 허기를 느껴 롤빵을 한입 가득 베어 문다. 롤빵은 따뜻하고 달콤하다. 빵집 주인은 그들이 빵을 먹는 걸 지켜보며 힘들게 살아온 자신의 이야기를 들려준다.

빵집 주인이 빵을 건네는 것은 그의 말처럼 별것 아닐 수 있다. 하지만 하루아침에 아들을 잃고 깊은 슬픔에 빠진 부부는 그가 건넨 빵을 먹고 그가 들려준 이야기를 들으며 잠시나마 슬픔을 가라앉힌다.

나의 인생에도 그런 순간이 있었다. 사랑하던 연인과 헤어진 날이었다. 이별의 아픔은 아무리 반복해도 익숙해지지 않았다. 혼자 해결해야 할 감정이란 걸 잘 알고 있지만 그날은 너무 슬퍼서 견딜 수가 없었다.

그때 왜 나는 그 사람이 떠올랐을까. 심야식당처럼 소박하게 음식과 술을 내어 주는, 그래서 가끔씩 들르는 가게 사장에게 전화를 걸었다. 영업 시간 전인데 다행히 사장이 전화를 받았다.

"무슨 일이세요?"

"사장님, 혹시 저, 지금 가게에 가도 될까요?"

"그럼요. 편하게 오세요."

가게는 영업 시간 전이라 그런지 손님은 나밖에 없었다. 혹시 밥 먹었냐는 물음에 생각이 없다고 말했지만 그는 잠시만 기다리라며 요리를 시작했다. 나는 테이블에 앉아 그가 요리하는 뒷모습을 바라봤다. 냉장고에서 이것저것 재료를 꺼내서 파스타를 만드는데 양이 너무 많아 보여서 내가 저걸 다 먹을 수 있을까 걱정이 될 정도였다. 가게 안엔 요리하는 소리만 간간이 이어질 뿐이었지만 이상하게 그 침묵이 불편하지 않았다.

파스타를 만든 그는 내 앞에 한 접시 놓고는 맞은편 의자를 빼서 앉았다. 그리고 자신 앞에도 파스타 한 접시를 놓았다. 아, 그래서 양이 많은 거였구나. 그는 내게 식기 전에 먹으라고 권하고는 묵묵히 파스타를 먹기 시작했다. 나에게 어떤 것도 묻지 않았다. 그냥 나와 마주 앉아서 같이 파스타를 먹어 줄 뿐이었다.

파스타는 참 맛있었다. 내가 밥을 못 먹었으리란 생각에 파스타를 만들고, 이 음식으로 조금이나마 허기를 채우고 아픔을 달랠

수 있기를 바라는 마음이 고스란히 담겨 있었기 때문이다. 아니, 전화를 받고선 이유도 묻지 않고 오라고 했던 순간부터 나는 위로를 받았던 것 같다. 카버의 소설에서 부부가 롤빵을 먹었을 때의 마음이 그때의 나와 같지 않았을까.

우리가 예측할 수 없는 인생을 살아가며 가끔은 길을 잃고 주저앉아 고통스러운 순간을 겪으면서도 다시 살아갈 수 있는 것은 그렇게 별것 아닌 그러나 그들이 할 수 있는 방식의 위로를 건네는 사람들이 있기 때문일지도 모른다.

나병이나 문둥병이라고 불리던 한센병은 무서운 전염병이라는 편견과 달리 결핵 예방용 주사인 BCG 접종만으로도 감염을 예방할 수 있는 병이다. 치료 방법도 간단하다. 3개월 동안 약을 복용하면 전염성이 사라진다. 초기에 발견해 치료하면 어떤 후유증도 남지 않는다.

그런데 일제 강점기인 1916년 조선 총독부는 한센병에 걸린 사람들을 모두 소록도로 강제 이주시키고 그곳에서 나오지 못하게 만들었다. 유전병도 아닌데 한센병 환자들은 생식 능력을 박탈하는 단종 수술을 받아야만 했고, 제대로 된 치료 한번 받아 보지 못한 채 혹독한 강제 노역에 동원돼야만 했다. 그래도 그들은 해방이 되면 소록도를 나갈 수 있을 것이라 생각했다.

하지만 사회는 한센병 환자들을 소록도에서 나오지 못하게 만들었다. 한센병에 걸리면 피부의 병변이 광범위하게 홍반으로 드러나기 때문에 겉으로 볼 때 외형이 흉측해진다. 그래서 마땅한 치료법이 없던 시절 사람들은 한센병 환자들을 괴물 취급하기 일쑤였고, '신의 저주'를 받았다고 생각했다. 그리고 피부만 스쳐도 전염되기 때문에 절대 가까이하면 안 된다고 생각했다. 물론 모두 병에 대한 무지와 편견에서 비롯된 잘못된 생각이었다.

그런 잘못된 인식 때문에 죽을 때까지 차별과 핍박에 시달려야만 했던 한센인들. 해방 당시 소록도 내 한센인 6천여 명 중 반 이상이 완치를 판정받은 음성 환자였다. 하지만 그들도 소록도를 벗어날 수 없었다. 한센병에 걸린 적이 있었다는 이유만으로 사회가 그들을 거부했기 때문이다. 그들의 가족도 외면하기는 마찬가지였다.

2009년 3월 소록대교가 개통되어 육지길이 열렸고, '다큐 3일'은 소록도를 기록하기로 했다. 소록도에 도착해서 한센인들을 처음 마주했을 때 놀라지 않았다면 거짓말일 것이다. 한 어르신은 자신의 얼굴을 손으로 가리며 말했다. 얼굴이 괴물 같으니 쳐다보지 말라고, 이런 얼굴로 살 바에야 죽는 게 낫겠다 싶어 약도 먹고 물에도 빠져 보았지만 죽는 것도 맘대로 되지 않더라고, 당신들은 우리가 어떤 세월을 살아왔는지 상상도 못 할 거라고.

좀 더 가다 보니 앞마당에 꽃들이 잘 가꿔져 있는 집이 눈에 들어왔다. 마당에는 평상도 있었고 무화과나무에 열매들이 가득했다. 따스함이 느껴지는 집 풍경에 어떤 사람들이 살고 있는지 궁금해질 무렵 할아버지와 할머니가 방문을 열고 나왔다. 할아버지는 앞이 안 보여 선글라스를 끼고 있었고, 할머니는 한센병 후유증으로 손가락이 있었던 흔적만 남은 손을 가지고 있었다.

서울에서 취재차 내려왔다고 하자 할머니는 반갑게 맞이해 주었다. 우리 집 무화과가 맛있다며 힘껏 손을 뻗어 나무에서 무화과를 따서는 바지에 쓱쓱 닦고 껍질을 손수 까 주려고 했다. 순간 흠칫했다. 머리로는 이미 할머니가 완치되었다는 사실을 알고 있는데도 할머니의 손이 닿은 무화과를 먹어도 괜찮을까 걱정이 되었다. 나는 애써 마음을 달래며 무화과를 받아 꿀꺽 삼켰다. 걱정이 무색하게 무화과는 참 달고 맛있었다.

손이 불편한 아내의 팔이 되어 주는 할아버지와 시력을 잃어버린 남편을 대신해서 세상을 보는 할머니. 한센병 후유증으로 시력을 잃게 된 남편이 절망에 빠지자 할머니는 성당의 오르간 연주자가 되어 보면 어떻겠느냐고 권유했다. 할머니는 악보를 보며 음표 하나하나를 남편에게 알려 주었고, 남편은 아내의 말을 들으며 악보를 외우기 시작했다. 그렇게 12년 동안 독학으로 외운 악보가 350여 곡에 이른다.

집에서 성당까지 제법 멀지만 그들은 서로 의지하며 천천히 걸어갔다. 그렇게 도착한 성당에서 오르간 연주를 시작한 할아버지와 그 모습을 가만히 지켜보며 기도를 올리는 할머니. 오르간 소리가 성당 너머 소록도에 울려 퍼지는데 왠지 모르게 내 마음도 경건해지는 듯했다. 가족에게조차 버림받고 평생을 소록도에서 살아온 그들은 지금 무엇을 기도하고 있을까.

이문재 시인은 '오래된 기도'라는 시에서 "가만히 눈을 감기만 해도 기도하는 것이다"라고 했다. 그러면서 "나는 결코 혼자가 아니라는 사실을 받아들이기만 해도 / 나의 죽음은 언제나 나의 삶과 동행하고 있다는 / 평범한 진리를 인정하기만 해도 / 기도하는 것이다 / 고개 들어 하늘을 우러르며 / 숨을 천천히 들이마시기만 해도"라고 했다.

기도가 그런 의미라고 한다면 그때의 내 마음도 기도와 같았다. 서로의 부족함을 채워 주고 있는 할아버지와 할머니가 오래도록 함께하기를, 그래서 아름다운 오르간 소리가 소록도에 매일 울려 퍼지기를 말이다. 그리고 신이 그들의 간절한 기도를 들어주었으면 했다.

그런데 이틀 뒤 소록도에서 보내는 마지막 밤, 서울 집에서 전화가 걸려왔다. 왠지 예감이 좋지 않았다. 아니나 다를까, 어머니가 급히 수술을 했다는 오빠의 연락이었다. 오빠는 괜찮을 거라고 걱정하지 말라고 했지만 너무 고통스러웠다. 왜 하필이면 출입이 자유롭지 않은 소록도에 있을 때 이런 일이 생기는 걸까. 그날 밤이 어떻게 흘러갔는지 모르겠다.

다음 날 나는 마무리 촬영을 하기 위해 다시 그 집으로 갔다. 하지만 도저히 일이 손에 잡히지 않아 나는 노부부에게 사실대로 말했다. 혹시나 분위기를 무겁게 만들까 오래 같이 일해 온 동료들에게도 털어놓지 못한 이야기라고, 인터뷰에 집중하지 못해 죄송하다고. 그런데 노부부는 나의 이야기를 다 듣더니 내 손을 잡고 말했다. 앞으로 우리가 평생 너와 어머니를 위해 기도를 해 주겠노라고.

나는 솔직히 그들이 소록도에 평생 갇혀 지내게 만든 한센병을 원망하고, 자신들을 버린 세상을 원망하는 것이 마땅하다고 생각했다. 그런데 그들은 아무도 원망하지 않았다. 오히려 며칠 보지도 않은 나를 위해, 평생 기도를 해 주겠다고 했다. 그 말은 무화과를 받을 때 잠깐이나마 흠칫했던 나를 용서해 준다는 말처럼 들렸고, 나의 아픔을 함께해 주겠다는 약속처럼 들려 울컥했다.

살다 보면 기도밖에는 아무것도 할 수 없는 순간이 온다. 그럴 때면 왜 하필 내게 이런 일이 일어나는 거냐고, 도대체 내가 무슨 잘못을 저질렀기에 이런 고통을 주느냐고 소리치고 싶어진다. 나는 그럴 때마다 소록도를 떠올린다. 지금도 소록도에는 할아버지의 오르간 소리가 울려 퍼지고 있을 테고, 그 소리와 함께 나를 위한 기도도 흐르고 있을 거라고. 그러면 세상을 원망하는 마음이 사르르 풀린다. 누구도 탓하지 않고 세상을 위해 기도를 하는 그들의 노력이 헛되지 않게 하기 위해서라도 다시 마음을 다잡게 되는 것이다.

할머니가 의사에게 떠나기 직전에 커피를 주는 이유

　부산 충무동 새벽 시장을 취재할 때 있었던 일이다. 만조가 돼 몇 개월간 바다에 머물던 배들이 한꺼번에 항으로 들어오는 날이었다. 그때 한 선원을 따라 그가 머무는 여인숙에 가 본 적이 있다.

　오래된 일본식 목조 건물 안, 그가 머무는 작은 방에는 낡은 이불과 베개가 펼쳐져 있었다. 수개월을 망망대해 불편한 배 안에서 지내다 육지로 왔는데 왜 집에 가지 않고 여인숙에 머무는 걸까. 내 얼굴에서 의아한 기색을 읽었는지 그가 말했다. 바다 생활이 길어지다 보면 제일 먼저 틀어지는 게 가족 사이라고. 집에 가도 반겨 주는 사람이 없어 육지로 나오면 그냥 여인숙에 머물게 된다고 했다. 알고 보니 그 여인숙에는 같은 이유로 머물고 있는 뱃사람들이 더 있었다.

그들은 여인숙에서 쉬다가 근처 시장으로 발걸음을 옮겼다. 배들이 들어오는 날에는 시장이 뱃사람들로 북적인다고 한다. 그중 한 사람에게 왜 시장을 찾았느냐고 물었다. 그러자 그는 바다에 오래 있으면 그렇게 사람 소리가 그립다고 했다. 그런데 시장에 오면 사람들이 여기저기서 떠드는 소리를 들을 수 있고, 그러면 외로움이 조금은 채워진단다. 어쩌면 집에 들어가면 텔레비전부터 켜는 사람과 비슷한 마음이 아닐까. 사람이 그립고, 사람 목소리가 그리운 마음.

시인 정호승은 "외로우니까 사람이다. 살아간다는 것은 외로움을 견디는 일"이라고 했다. 그러니 공연히 오지 않는 전화를 기다리지 말라고 했다. 하지만 그게 참 쉽지 않다. 그래서 바쁘게 살다가도 어느 순간 '외롭다'라는 생각이 들면 오지 않은 전화를 기다리게 되고, 누군가가 나를 찾기를 기다리게 된다.

강원도에 3명밖에 없다는 왕진 의사 중 한 명인 양창모 원장. 그는 춘천 소양강댐으로 인해 수몰 지역이 되어 버린 곳에 살고 있는 어르신들을 직접 찾아가 방문 진료를 한다.

"걸어서 시내에 갔다 올 수 있었던 곳인데 이제 물에 잠겨 버리니까 이동이 힘들어진 거죠. 현재는 춘천 시내로 가기 위해 산을 넘어야 하는 상황이 되었어요. 날씨가 안 좋은 날에는 옷을 한 벌더 가지고 가신대요. 입고 나간 옷이 흙탕물로 범벅이 되어 버리니까 중간에 옷을 갈아입고 시내로 들어가시는 거예요. 거동도 불편한 어르신들이요."

그는 안타깝다는 듯 말을 이었다.

"한 할머니 댁에선 정류장이 보여요. 집에서 정류장까지 약 1.2km, 건강한 성인이라면 15분 정도 걸리는 거리인데 거동이 불편하니까 할머니는 첫차인 9시 30분 버스를 타려면 7시에 나가셔야 해요. 근데 그 버스도 병원까지 바로 가는 게 아니다 보니 시내로 들어가서 또 버스를 갈아타야 하죠. 병원까지 가는 데 반나절은 걸린다고 봐야 할 것 같아요."

그래서 그가 거동이 불편한 어르신들을 위해 방문 진료를 나가는데 이동 시간이 길어서 하루 종일 부지런히 움직여도 기껏해야 네 집밖에 가지 못했다. 그런데 왕진을 다니다 보니 예전에는 보이지 않던 게 보이기 시작했다.

"어떤 할아버지가 본인 집 화장실에서 넘어져 골절이 되셨는데 제가 그 소식을 듣고 가서 화장실을 봤더니 정말 바닥이 미끌미끌한 거예요. 근데 그 화장실이 너무 낮이 익더라고요. 곰곰이 생각해 보니 예전에 제가 왕진 갔을 때 그 화장실을 썼던 기억이 났죠. 그런데 그때는 '어르신이 넘어질 수 있겠다'라는 생각을 못 했어요. 그래서 그다음부터는 왕진 가방에 미끄럼 방지 패드를 꼭 챙기고 다녀요. 화장실 갈 때 확인해 보고 미끄러울 것 같으면 붙여 놓으려고요."

어느 할머니는 얼굴 전체가 멍들어 있었다. 화장실에 가다가 앞으로 넘어져 피멍이 든 것이다. 그런데 아들에게 안부를 묻는 전화가 걸려오자 할머니는 아무 일 없다고, 잘 지낸다고 하고는 전화를 끊었다. 아들이 괜히 걱정할까 봐 그러는 건 알겠는데 우리 부모님도 저럴까 싶은 마음이 들자 속상했다는 그는 애써 모른 척하며 말없이 치료해 줬다.

가뜩이나 사람 없는 마을, 할머니는 매일 오후 2시면 거동이 불편한데도 방을 나섰다. 멍든 얼굴도 가리지 않고 문 앞에 걸터앉아 아픈 무릎 훤히 내보인 채 누구를 기다리는 것일까. 알고 보니 할머니가 기다리는 건 오후 2시의 햇살이었다. 그게 할머니가 매일 기다리는 친구였던 것이다.

"사람이 가장 많이 외로움을 느끼는 게 아플 때인 것 같아요. 60대에는 혼자 살아도 어려움이 없지만 나이가 더 들면 몸도 아프고 집에서 나오기도 힘들어지죠. 누굴 만나는 것 역시 힘들어지고 자연스럽게 더 외로워지죠."

하지만 어르신들은 외로워도 외롭다고 말하지 않는다. 그런데 어르신들이 얼마나 외로운지를 느끼는 순간이 있다고 했다.

"어르신들은 저희가 왕진을 가면 처음에 커피를 내놓지 않으세요. 진료를 마치고 일어서려 할 때 커피 한 잔을 주시죠."

그러니까 그가 조금이라도 더 머물기를 바라는 마음에 떠나기 직전에야 커피를 내놓는다는 것이다. 그러면 커피를 다 마실 동안 좀 더 같이 있을 수 있을 테니까. 그는 모른 척 자리에 앉아 어르신이 내어 준 커피를 마시며 도란도란 얘기를 나눈다.

한 할머니는 컨테이너에 사는데 겨울에 가 보면 실내 온도가 영하일 때가 많았다. 이 추위를 어떻게 견디는 걸까 걱정이 앞서

지만 할머니는 늘 자신은 괜찮다며 그에게 추운 날 오느라 고생 많았다고, 빨리 손 좀 녹이라고 했다.

"어느 날 따뜻한 방에 누워 있는데 그 할머니 생각이 나는 거예요. 괜찮으실까. 날씨가 춥다고 해서 제가 가족이 아닌 누군가를 걱정하는 사람이 아닌데 왕진을 하다 보니 자연스럽게 그런 생각이 드는 것 같아요."

그는 자신이 뭐라고 찾아가기만 하면 너무나 따뜻하게 맞이해 주고, 연신 고맙다는 말을 하고, 뭐든 내어 주려는 어르신들의 다정함이 자신을 그렇게 만든 것 같다고 했다. 자신의 끼니는 간신히 챙기면서 동네 고양이들 밥은 매일 잊지 않는 다정함 말이다.

사람과 사람이 만나 서로 얻을 게 없으면 만날 필요가 없다고들 한다. 그런데 어쩌면 우리가 마음속으로 기대하는 건 도리어 아무런 목적 없는 만남이 아닐까. 외롭고 쓸쓸하다는 생각이 드는 날 "뭐 하니, 술 한잔할래?"라는 편한 친구의 문자가 그래서 참 반갑다.

당연한 것은 없다

2010년 만들어진 소망교도소는 대한민국 최초 민영 교도소로 타 교도소에 비해 재범률이 현저히 낮아 주목을 받았다. 그리고 강력범들은 한곳에 모이게 하면 안 된다는 금기를 깨고, 재소자들이 다 같이 식당에서 교도관들과 밥을 먹었고, 서로 수인 번호가 아닌 이름을 불렀다.

낯선 사람들을 만날 때 최대한 편견 없이 대하자는 것이 나의 원칙이지만 범죄자들을 선입견 없이 대하기란 쉬운 일이 아니었다. 그들은 사회적으로 용납하기 어려운 죄를 저지른 사람들이었고, 그들이 저지른 범죄에 희생당한 피해자가 엄연히 존재하고 있었기 때문이다. 그래서 그들이 웃으며 밥을 먹는 장면을 지켜보는 데 마음이 복잡했다.

하지만 3일 동안 그들의 일상을 카메라로 담아내는 것이 나의 일이었기에 최대한 사적인 감정을 배제하는 것이 옳았다. 그래서 일부러 그들의 죄목을 묻지 않았다.

내가 담당하게 된 방에는 총 10명의 재소자가 머물고 있었다. 나는 그들의 일정에 따라 텃밭으로, 음악실로, 재봉실로 이동하며 그들의 수감 생활을 카메라로 담기 시작했다. 그들은 텃밭에서 기른 식물이 어제보다 자란 것을 보며 기뻐했고, 음악실에선 한 재소자가 타고난 음치지만 용기를 내어 노래를 부르자 다른 재소자들이 뜨거운 박수를 쳐 주기도 했다.

한 재소자는 참회의 편지를 쓰며 내 앞에서 눈물을 흘렸고, 또 다른 재소자는 딸에게 온 편지를 나에게 보여 주며 자랑했다. 나는 "참 예쁜 딸을 두셨다"고 답을 하기도 했다. 교도소에 들어오기 전 땀 흘리며 일했던 시간을 그리워하는 재소자도 있었다. 그처럼 그들의 속 이야기를 듣다 보니 나는 어느새 그들이 범죄자라는 사실에 무감각해진 채 그들의 일상에 스며들어 있었다.

그렇게 3일 동안 촬영을 마치고 서울에 온 날이었다. 내가 만난 사람들이 어떤 죄를 저질렀는지를 알게 되었다. 그것은 차마 입에 담기 어려운 죄목들이었다. 그들이 막연히 범죄자라고 생각하는 것과 그들의 얼굴과 삶을 알게 된 후에 한 명 한 명이 구체적으로 어떤 범죄를 저질렀는지 알게 되는 것은 차원이 다른 일이었다. 그래서 나는 아무 말도 못 한 채 굳어 버렸다.

그동안 나는 만나는 사람들의 선의를 믿고, 내가 보는 그대로를 믿어 왔다. 내가 보고 듣는 것이 그들의 진심일 것이라 믿어 의심치 않은 것이다. 그런데 내 앞에서 평범한 이웃의 얼굴로 누군가를 그리워하고 후회를 하고 울고 웃었던 재소자들이 생각만 해도 끔찍한 죄를 저질렀다는 것을 알게 되자 소름이 끼쳤다. 그런 죄를 짓고도 아무렇지 않게 일상을 살아가는 것을 목격한 건 그냥 뉴스 기사로 보는 것과 다르게 나를 무너뜨렸다.

정치사상가인 한나 아렌트는 수백만에 이르는 유대인을 학살한 악명 높은 나치 전범 아돌프 아이히만의 재판을 지켜보며 이렇게 평했다. 아이히만은 피에 굶주린 악귀나 냉혹한 악당이 아니었으며 우리 주변 어디서나 볼 수 있는 중년 남성처럼 평범한 인상이었다고, 그래서 더 충격이었다고. 그래서 그녀는 《예루살렘의 아이히만》에서 "악이란 뿔 달린 악마처럼 별스럽고 괴이한 존재가 아니며 사랑과 마찬가지로 언제나 우리 가운데 있다"며 '악의 평범성'을 이야기했다.

어쩌면 나 또한 강력 범죄를 저지르는 사람들은 나와 다른 얼굴을 하고 있고, 공감하기 어려운 감정을 가지고 있을 거라고 생각한 게 아닐까. 하지만 그들은 나와 똑같은 지극히 평범한 얼굴을 하고, 나로 하여금 그들의 말을 믿게 만들었다. 그들이 하는 말과 행동을 그대로 믿은 내가 우매했던 걸까. 내가 그동안 숱하게 만나 온 사람들도 내가 본 얼굴과는 상이한 얼굴을 가지고 있었던 건 아닐까. 그처럼 사람에 대한 믿음이 깨지고 나자 사람을 만나는 것이 두려워졌다. 상대방의 또 다른 얼굴을 보게 될까 봐, 그로 인해 다시 마음을 다치게 될까 봐 두려웠다.

어떤 일이 있었든 나는 매주 어김없이 새로운 사람들을 만나야만 했다. 사람을 만나는 게 두렵다고 당장 일을 그만둘 수는 없었기 때문이다. 다행히 그 뒤로 나는 다시 사람을 믿게 만드는 좋은 사람들을 만날 수 있었다. 그들은 내게 그런 일을 겪으면 흔들리는 게 당연하다고, 그래도 잘 버티고 있어 대견하다고 말해 주었다. 그들 덕분에 나는 다시 마음의 중심을 잡을 수 있었다. 그럼에도 가끔 소망교도소에서 만난 이들의 얼굴을 떠올리면 나도 모르게 소름이 끼치곤 했다. 나도 이 정도인데 피해자들의 마음은 어떨까.

28년 동안 극악무도한 범죄자들을 추적해 온 프로파일러 권일용을 인터뷰하기 위해 자료 조사를 하다가 놀란 적이 있다. 그는 범죄자들로부터 밤길 조심하라는 편지와 가족들을 해치겠다는 협박을 수도 없이 받는다고 했다. 하지만 정작 그는 담담했다.

"범죄자들이 두려웠다면 벌써 떠났을 거다. 그런데 내가 도망가면 피해자들은 어떡하나. 피해자한테 지켜 준다고 약속을 했는데 무책임하게 떠날 수는 없었다."

실제로 그는 30여 년 가까이 프로파일러로 살아오면서 가장 기억에 남는 일이 무엇이냐는 질문에 범죄 피해자인 여고생을 만나서 "내가 그 범인 꼭 잡아 줄게"라고 약속했던 것이라고 답했다. 그는 그 약속을 지키기 위해 길을 걸을 때도, 밥을 먹을 때도, 심지어 잠들기 직전까지도 계속 범인에 대해 생각했다. 결국 1년 후

범인을 잡고 나서 그의 머릿속에 가장 먼저 든 생각은 '내가 약속을 지켰다'는 것이었다.

하지만 그는 말을 하고 바로 고개를 숙였다. 잠시 후 감정을 다 잡고는 이렇게 말했다. "사실 범인을 잡는다 해도 피해자들이 당한 고통은 사라지지 않는다"고, "약속은 지켰지만 미리 범죄를 예방하지 못했다는 자책감으로 아직도 마음이 무겁다"고.

나는 그가 자책하는 모습을 보고 싶지 않았다. 피해자에게 고개 숙여야 할 사람은 범죄를 저지른 사람인데, 왜 범인을 잡은 그가 미안하다며 고개를 숙여야 한단 말인가.

소방관이나 의사가 한 사람이라도 더 살리지 못해 미안하다고 고개를 숙이고, 경찰이 범죄자를 잡지 못해 미안하다고 고개를 숙이는 모습, 방송에서 자주 봐 오던 장면들이다. 그런데 그것은 결코 당연한 게 아니었다. 생판 모르는 남을 지키기 위해 불길 속에 뛰어들고, 나를 해칠 수도 있는 범죄자를 상대하는 것, 그건 개인의 평안한 삶을 포기하고, 누군가를 구하기 위해 자신의 목숨을 내놓을 각오를 해야지 할 수 있는 일이다.

권일용 프로파일러는 범죄 피해자인 고등학생과 한 약속을 지키기 위해 1년 동안 '내가 만약 범인이라면'이란 생각으로 살아야 했다. 그렇게 해야만 범인을 잡을 수 있을 것 같아서였다. 다른 범인들을 잡을 때도 마찬가지였다. 그 결과 그는 극심한 스트레스로 인해 어금니 3개가 빠졌고 공황 장애와 우울증에 시달렸다. 그러나 그는 그냥 해야 할 일을 했을 뿐이라고 말했다.

"도심을 뒤흔드는 소방차의 사이렌 소리는 다급하고도 간절하다. 질주하는 소방차의 대열을 바라보면서 나는 늘 인간과 세상에 대해서 안도감을 느낀다. 재난에 처한 인간을 향하여, 그 재난의 한복판으로 달려드는 건장한 젊은이들이 저렇게 사이렌을 울리며 달려가고 있다는 사실은 인간의 인간다움이 아직도 남아 있고, 국가의 기능이 정확하고도 아름답게 작동되고 있다는 신뢰감을 느끼게 한다. (…) 달려가는 소방차의 대열을 향해 나는 늘 내 마음의 기도를 전했다. 살려서 돌아오라, 그리고 살아서 돌아오라."

소설가 김훈의 에세이 《라면을 끓이며》에 나와 있는 글귀다. 나는 권일용 프로파일러를 만나고, 밤샘 수술을 하고 나와서도 사람을 살리지 못했다며 자책하는 의사를 만나고, 사람을 더 구하지 못해 죄송하다는 소방관을 만나고 나서 알게 되었다. 누군가를 지켜 주고 싶은 마음, 그 마음이 얼마나 소중한가를. 그리고 그 약속을 지키기 위해 최선을 다하는 것이 얼마나 위대한 일인가를. 그들이 있어 나는 안도감을 느낀다.

사명감 없이는 도저히 할 수 없는 일을 묵묵히 하고 있는 모든 이에게 존경을 표한다. 내가 그들을 위해 할 수 있는 일은 내 위치에서 내 할 일을 열심히 하는 것이리라. 마지막으로 나에게 다시금 사람을 믿어 보고 싶게 만드는 그들이 다치지 않고 무사했으면 좋겠다.

결국 우리를 살아가게 만드는 힘

높은 계단과 언덕이 많은 부산의 산복 도로산의 중턱을 지나는 도로. 버스에서 내려 깜깜한 언덕을 올라오고 있는 한 아주머니를 만났다. 길에서 만난 카메라를 든 낯선 이에게 자신의 오래된 집을 구경시켜 주겠다는 말에 나는 그 경사진 언덕을 같이 올라가게 되었다. 아주머니가 사는 아파트는 시어머니 때부터 살던 오래된 아파트로 1층에는 공동 화장실이 있고 엘리베이터가 없어 5층까지 계단으로 꼬박 걸어 올라가야만 했다.

크기는 9평 반쯤 될까. 그런데 예전에는 그 집에서 시어머니와 아주머니 내외 그리고 자식 넷까지 일곱 식구가 같이 살았다고 한다. 아주머니와 남편은 부전시장에서 장사를 했는데 바빠서 평일에는 가게에서 자고 주말에만 집으로 와서 잤다. 좁은 안쪽 방에는 시어머니와 아이들이, 바깥 거실에선 두 부부가 자는데 문밖으로 흘러나오는 시어머니와 아이들의 웃음소리가 그렇게 듣기 좋았다고 했다. 누구는 그 좁은 집에서 일곱 명이 어떻게 사느냐고, 불편하지 않으냐고 했지만 정작 자신은 그 북적거림이 너무 행복했단다. 시간은 흘러 시어머니는 돌아가시고 남편도 먼저 떠나보내고 자녀들은 독립해 지금은 아주머니 혼자 이 집에서 지낸다.

그런데 태풍이 크게 왔던 몇 해 전, 아주머니는 시어머니가 머물던 방의 부실한 창문 때문에 큰일을 겪게 되었다. 비바람이 거세지면서 창문이 흔들리기 시작했고, 나중에는 금세라도 창문을 부술 것처럼 휘몰아치는 바람에 맞서 온몸으로 창틀을 붙잡고 있어야만 했다. 제발 창문이 날아가지 않게 해 달라고 기도하며 30분쯤 버텼을까, 다행히 바람이 잦아들기 시작했다.

태풍이 지나가고 난 뒤 아주머니는 얼른 창틀부터 교체를 했다. 그러고 나니 추운 겨울에도 집이 따뜻했다. 그제야 아주머니는 깨달았다. 낡은 창틀 사이로 찬 바람이 심하게 들어왔겠구나, 그래서 시어머니가 잘 때마다 머리에 뭘 그렇게 뒤집어쓰고 잠들었구나. 하지만 시어머니는 생전에 한 번도 춥다고 내색을 한 적이 없었다. 그래서 아주머니는 미처 몰랐다. 그냥 시어머니가 창가 쪽을 좋아하나 보다 그리 생각했었다. 매일 아이들을 창문 반대편에 눕히고, 자신은 창가 바로 밑에 누워 찬바람을 맞으면서도 내색하지 않던 시어머니. 태풍이 오지 않았더라면 지금도 몰랐을 마음이었다.

소아과 병동에서 만난 아이는 네 살인데 신경 모세포종으로 벌써 일곱 번의 항암 치료를 받았다. 늦은 점심을 먹고 있던 아이는 얼마 전까지만 해도 맛있게 먹은 짜장밥이 오늘은 안 들어가는지 밥투정을 하고 있었다.

불고기는 괜찮나 보다 했는데 구토를 해서 장조림으로 메뉴를 바꾸고, 장조림은 좀 먹나 싶더니 구토를 해서 메뉴를 또 바꾸고. 아이의 아버지는 이제 바꿀 수 있는 메뉴도 다 떨어져 간다고 걱정했다. 그래도 오늘은 아이가 밥을 조금이라도 먹어서 다행스럽다는 아버지가 나에게 보여 줄 게 있다며 휴대폰을 꺼냈다. 어느 퇴근길에 아이에게서 온 문자라고 했다.

아빠 사랑해요

가슴이 많이 아팠지

나 입원했을 때 기분을 알겠어요

알라뷰

처음엔 아이가 보낸 문자라고 상상을 못 했다. 물어보니 엄마에게 내용을 불러 주면서 대신 보내 달라고 했다고 한다. 아이를 재우고 휴게실에서 우리는 그런 이야기를 했다. 저 아이는 하늘에서 보낸 천사가 맞는 것 같다고, 어른보다 더 맑고 깊은 마음으로 세상을 헤아리고 있는 것 같다고, 그래서 하늘에서 그 빈자리가 아쉬워 아이에게 병을 준 것이 아닌가 싶다고.

아이들 감기라도 걸릴까 이 정도는 참아야지 하며 매일 밤 찬 바람을 견딘 시어머니, 항암 치료를 받느라 힘들 텐데도 자신 때문에 힘들었을 아빠를 도리어 걱정하며 사랑한다고 말하는 아들. 사랑하는 사람을 아끼는 누군가의 마음이 이토록 깊다. 이렇게나 나를 걱정하고 아끼는 사람이 있다는 사실을 알게 되면 그동안 내가 얼마나 큰 사랑을 받아 왔는지를 비로소 깨닫게 된다.

지금도 누군가의 사랑이 우리에게 흐르고 있을 수 있다. 그리고 그 사랑 덕분에 우리는 또 살아갈 힘을 내고 있는지도 모른다.

chapter 5

나는 정말
잘 살아가고 있는 걸까

그가 돌아가신 어머니에게
묻고 싶은 질문

　김포의 작은 시골 마을에 한 소년이 있었다. 전기가 들어오지 않는 마을이다 보니 밤이면 언덕에 올라 김포 공항에서 이륙하는 비행기를 올려다보는 게 낙이었다. 막 이륙한 비행기가 머리 위로 날아갈 때면 한글을 모르는 어르신들이 비행기 몸체에 써 있는 글자를 마음대로 해석하며 서로 일본행이다 파리행이다 자존심 싸움을 벌이곤 했다. 옆에서 가만히 그 모습을 지켜보던 소년은 여행 작가의 꿈을 키우기 시작했다. 언젠가 저 비행기를 타고 해외로 갈 거라고, 그래서 말로만 듣던 외국의 도시들을 눈으로 직접 볼 거라고.

　하지만 그 꿈을 이룰 기회는 쉽사리 오지 않았다. 가난한 집안 형편에 학교도 겨우겨우 다니고 있었기 때문이다. 그의 어머니는 깻잎을 포개 한 묶음을 만들어서 파는 일로 생계를 이어 갔다. 깻잎을 한 장 한 장 포개서 10장을 만든 다음 윗동을 흰 실로 엮는 일이었는데 하루 종일 해도 벌 수 있는 돈은 얼마 되지 않았다.

그래서 소년은 집안에 보탬이 되고자 상업 고등학교에 진학했고 졸업하기도 전에 회사에 취직했다. 얼마 안 되는 월급이지만 그 돈을 어머니에게 드릴 때마다 햇볕에 그을린 까만 얼굴을 하고 어머니가 너무나 환히 웃었다. 그 웃음을 보고 있노라면 그렇게 행복하고 기쁠 수가 없었다. 덕분에 대학 진학은 다른 친구들보다 몇 년 늦어졌다.

그러다 군대에 가게 되어 강원도 철원에서 근무 중일 때였다. 어느 날 갑자기 어머니가 돌아가셨다는 전보를 받게 되었다. 어떻게든 장례식에 참여하려고 급히 휴가를 받고 나와 택시를 잡아탔다. 무슨 일이기에 군인이 속없이 철원에서 경기도 일산까지 택시를 타고 가나 흘겨보던 택시 기사는 장지에 도착해서야 사실을 알고 택시비를 받지 않았다. 당황스러운 마음에 어쩔 줄 모르는 그에게 택시 기사는 어서 빨리 가 보라고, 어머니 잘 보내 주라고 할 뿐이었다. 그 덕분에 막내아들은 어머니 무덤에 마지막 삽을 풀 수 있었다.

그의 어머니는 한 번도 여행이라는 걸 해 본 적이 없었다. 환갑이 되어서야 형편이 나아진 자녀들이 모은 돈으로 난생처음 비행기를 타고 제주도에 갈 수 있었다. 그게 그녀의 처음이자 마지막 여행이었다.

어머니는 그가 어렸을 때 언덕에 같이 올라 비행기를 올려다보며 "너는 저 비행기를 타고 온 세상 구경하고 살아"라는 말을 자주 했다고 한다. 그는 어머니의 바람대로 비행기를 타고 온 세상을 구경하고 다니는 여행 작가가 되었다. 하지만 이제 그의 곁에는 어머니가 없다. 어머니가 환히 웃는 모습을 보고 싶은데 볼 수가 없는 것이다.

미국 의학 분야 학술연구 평가기관인 엑스퍼트스케이프 선정 췌장 절제술 분야 전 세계 상위 0.1%로 뽑힌 명의 강창무 교수. 그는 "수준 이상의 논문을 쓰면 검색 엔진에 등록이 되는데, 최근 10년간 검색 엔진에 등록된 전 세계 2만여 명의 의사 중 50명 안에 들 정도로 많은 논문을 썼더라. 나름대로 열심히 연구했다는 생각이 들어 뿌듯했다"라고 했다. 그에게 물었다.

"신의 손을 갖게 된다면 시간을 돌려 고치고 싶은 환자가 있나요?"

그러자 그는 어머니를 고치고 싶다고 답했다. 그가 의과 대학에 들어가 2년 차가 됐을 무렵 그의 어머니는 대장암 수술을 받았다. 요즘 대장암은 조기 진단으로 완치되는 경우가 많지만 당시만 해도 그렇지 않았다고 한다. 수술 후 암이 재발했고 어머니는 치료를 받다가 결국 돌아가셨다.

"마지막에 병원에서는 해 줄 게 없으니 퇴원을 권유했다. 어머니가 집에 와서 많이 힘들어하셨는데 난 정말 철이 없었다. 학교에서 공부하고 친구들과 시간 보내고 어머니가 암인 걸 알면서도 걱정 말곤 아무것도 하지 않았다. 통증이 정말 심하셨다. 암이 뼈까지 전이돼 힘겨워하셨는데 그때 진통제 하나 못 드렸다는 게 너무 속상하다."

그는 당시를 회상하며 어머니와의 마지막 시간을 그렇게 보낸 게 너무 후회된다고 했다. 그때 자신은 어머니를 보낼 준비가 아직 안 되어 있었고, 의대 학생이지만 할 수 있는 게 하나도 없는 자신에 대한 무력감에 그냥 죽음을 외면한 것 같다고 했다. 그래서 그는 자신을 찾아오는 환자와 보호자들이 남 같지 않단다. 자신 또한 말기 암 환자의 가족이었기에 그 심정을 누구보다 잘 이해하기 때문이다. 그는 그들이 자신처럼 후회하지 않기를 바라는 마음으로 진료를 한다고 했다.

"암이 우리의 삶을 잠식해서 생명을 끊는 순간은 막을 수 없지만 진료를 통해 '암은 더 이상 내 삶에서 두려운 존재가 아니야'라는 생각을 갖게 할 순 있다고 생각한다. 실제로 암 진단을 받고도 많은 분들이 자연스레 상황을 받아들이고 주변 사람들과 좋은 관계 속에서 좋은 추억을 만들며 시간을 보낸다. 어머니가 나한테 남겨 준 교훈이라고 생각한다."

그래서 그는 외래 오는 환자들에게 사소한 일상에 관한 질문들을 던진다. 그의 메모장에는 환자의 생일, 가족 여행, 벼농사 수확 일정 같은 환자의 건강과는 조금 거리가 있어 보이는 일상들이 잔뜩 적혀 있다.

그 시작은 농사를 짓는 어느 어르신을 진료한 이후였다. 외래로 온 한 할아버지가 어디가 아프고 불편한지 이야기하기보다 지금 짓고 있는 농사에 대한 이야기를 그렇게 풀어놓았다고 한다. 그래서 진료 기록에 "논에 벌레가 많은데 잘 잡히지 않아서 애를 먹고 있는 할아버지"라고 써 놓았고 다음번 진료 시간에 자연스럽게 "할아버지, 벌레는 잡으셨어요?"라고 물어봤더니 할아버지가 "아니, 의사 선생님이 그걸 기억하고 있어요?" 하며 엄청 반가워했다고 한다.

그 일을 계기로 그는 환자들에게 병에 관한 안부를 물으며 사소한 일상에 관해서도 하나둘 묻기 시작했다. 병을 치료하는 것도 중요하지만 좋은 추억을 만들고 소중한 일상을 잘 가꾸어 나가는 것 또한 중요하다고 생각하기 때문이다. 그가 만약 돌아가신 어머니를 살려 낸다면 같이 하고 싶은 것도 아주 사소한 일상을 나누는 것이다.

"어머니가 돌아가신 지 26년 정도 됐다. 어머니 얼굴이 잘 생각이 나지 않는다. 그런데 신의 손이 있다면 정말 어머니를 살려 내고 싶다. 어머니를 치료해서 내 딸도 보여 드리고 싶고, 좋은 추억과 기쁨도 나누고 싶다."

그는 끝내 눈물을 보였다. 췌장암 사망률이 높긴 하지만 그는 어떻게든 환자를 살리려 노력하고, 환자와 보호자들이 마지막 시간을 조금 더 의미 있게 보낼 수 있도록 돕고 있다. 하지만 어머니를 생각할 때마다 여전히 죄송한 마음뿐이다.

그는 만약 어머니를 다시 만나면 묻고 싶다고 했다. 자신이 어떤 의사가 되기를 바라는지…. 그런데 내가 본 그는 이미 그의 삶 속에 충분히 어머니의 대답을 들은 것 같았다.

나의 20대를 돌아보며 가장 기억에 남는 곳을 꼽아 보라고 한다면 봉하 마을이 아닐까 싶다. 2008년 2월 25일 노무현 대통령은 퇴임식을 마치고 고향인 봉하 마을로 내려갔다. 주민이 다해 봐야 120명 정도밖에 안 되는 조용한 시골 마을은 퇴임한 대통령을 보기 위해 전국 각지에서 몰려든 사람들로 매일 시끌벅적했다. 사실 참여정부 말기 노 전 대통령 스스로도 인기 없는 대통령이라고 말할 정도로 지지율이 낮았기에 그처럼 방문객이 많을 거라고는 그 누구도 예상하지 못했다.

퇴임 두 달 뒤, 봉하 마을을 다녀간 방문객이 23만 명을 넘었다는 소식이 들려왔고, '다큐 3일' 팀은 봉하 마을을 취재하기로 결정했다. 노 전 대통령 측에도 섭외 요청을 했지만 정해진 일정 외에 특별히 따로 시간을 내진 못할 것 같다는 답변이 돌아왔다. 그래서 대통령과의 인터뷰나 개인 일상은 담지 못할 수도 있다는 생각을 하며 봉하 마을로 내려갔다. 도착하자마자 뉴스에서 봤던 것처럼 작은 시골 마을이 버스를 대절하면서까지 모여든 방문객들로 정신이 없었다. 잠시 후 노 전 대통령이 사저에서 나와 모습을 나타냈고, 사람들은 드디어 그를 만났다는 기쁨에 환호성을 질렀다. 그는 밀려드는 방문객을 위해 하루에도 열 번 넘게 집 밖으로 나와 손을 흔들었다. 힘들지 않으냐는 말에 그는 이렇게 말했다.

"손님이 왔는데 안 내다보기 미안해서 시작했는데 이제는 그만둘 수가 없네요."

그러면서 자신을 백수라고 표현했지만 그는 매우 바빴다. 자전거를 타고 이동하는 그의 다른 일정을 카메라에 담기 위해 우리도 자전거를 타고 뒤따라가기로 했다. 몸무게가 제일 덜 나가는 내가 카메라를 들고 자전거 뒤에 타고, 남자 조연출이 자전거를 운전하기로 하고는 그가 집에서 나오기만을 기다렸다. 얼마쯤 기다렸을까, 그가 자전거를 타고 지나갔고 만반의 준비를 하고 있던 우리는 바로 뒤쫓아 갔다.

그런데 우리가 한 가지 간과했던 사실이 있었다. 그 길이 비포장 시골길이라는 것. 울퉁불퉁한 자갈길이다 보니 뒷자리에 앉아 있는 나의 엉덩이가 심하게 들썩거렸다. 쿵쿵 내리찧을 때마다 엉덩이가 너무 아파 나도 모르게 눈물이 나올 정도였다. 당장이라도 자전거에서 내리고 싶었지만 이를 악물고 버텼다. 내리자마자 눈물을 닦고 바로 촬영을 시작했는데 아마 그 모습을 노 전 대통령이 봤던 것 같다.

잠시 후 비서관이 오더니 노 전 대통령 보기에 제작진이 따라오느라 너무 고생을 하는 것 같다며 자전거로 고생하지 않게 미리 동선을 알려 주고, 국밥도 한 그릇씩 사 먹이라는 당부를 했다고 전했다. 순간 얼떨떨했다. 솔직히 촬영하다 보면 그런 고생쯤은 아무것도 아닌데 그걸 안타깝게 생각하고 신경을 써 주는 노 전 대통령의 따뜻한 배려가 참 감사했기 때문이다. 아무튼 자전거 작전의 예상치 못한 성공(?) 덕택에 우리는 대통령의 일상을 수월하게 담을 수 있게 되었다.

아침에는 봉화산을 산책한 뒤 고사리를 캐고, 낮 동안에는 벼 농사와 단감 농사가 주 수익원인 마을에 친환경 오리 농법을 도입하고자 수업을 듣고, 마을 뒷산에 나무를 심다가, 밤에는 부인과 다정하게 산책을 하는 그를 지켜보며 언젠가 그가 했던 말이 떠올랐다.

"할아버지가 손녀에게 해 줄 수 있는, 우리 세대가 줄 수 있는 가장 좋은 선물은 어릴 때 개구리 잡고, 가재 잡던 마을을 다시 복원시켜서 아이들한테 물려주는 것이라는 생각을 하게 됐습니다. 저도 그런 일을 대통령 마치고 하고 싶습니다. 마을의 숲과 생태계를 복원시키는 일을 하고 싶습니다."

그는 인터뷰에서도 봉하 마을이 바뀐 모습을 본 사람들이 자신의 마을에도 나무를 심고자 하는 마음이 든다면 좋겠다고 했다.

그렇게 마을에서 마을로 봉하 마을의 이상이 확산되어 가면 어떨까 하는 꿈이 생겼다고.

마지막 날 촬영을 마치고 인사를 나누는 자리에서 노 전 대통령은 우리에게 막걸리를 한 잔씩 주었다. 나는 그 모습도 에필로그로 좋을 것 같아서 끝까지 카메라를 놓지 않고 촬영을 하고 있었는데 그가 나에게 "아이고 마~" 웃음 지으며 막걸리를 건넸다. 그땐 정말 몰랐다. 그 영상이 내가 기억하는 그의 마지막 모습이 될 줄은.

1년 뒤 2009년 5월 나는 다시 봉하 마을에 가게 되었다.

부산에서 다른 촬영을 하던 중이었다. 촬영 장소에 있던 텔레비전에서 정규 방송이 중단되고 갑자기 속보가 나오기 시작했다. 노 전 대통령이 서거했다는 비보였다. 믿기지 않는 소식에 나는 충격을 받고 한참 멍하니 텔레비전 화면만 보고 있었다. 그리고 얼마 뒤 봉하 마을 취재를 해 달라는 연락을 받았다.

제작진의 이야기는 이러했다. 봉하 마을 추모객들이 언론에 대한 반감이 커서 취재가 안 되고 있는데 봉하 마을을 기록했던 '다큐 3일' 팀은 취재에 응해 주지 않겠냐는 것이었다. 나는 특히 마을 사람들과 인연이 있으니 그들의 상황과 심경도 담을 수 있을 거라며 바로 봉하 마을로 합류해 줬으면 좋겠다고 했다.

이 상황이 잔인하게 느껴졌지만 봉하 마을의 추모 행렬과 대통령의 마지막 가는 길을 기록하는 것이 내가 해야 될 일이라고 느껴졌다. 한편으로는 내가 비통한 마음에 혹여나 촬영을 제대로 못

하면 어떡하나 걱정이 들었다. 그래서 봉하 마을로 향하는 차 안에서 계속 '나는 객관적인 관찰자로 개인적 슬픔은 자제하고 현장 기록에 충실해야 된다'라고 마음을 다졌다. 그런데 그 결심은 마을에 도착하자마자 흔들렸다. 추모객들이 줄을 서 있는 마을 곳곳 전광판에 대통령이 내게 막걸리를 건네며 활짝 웃고 있는 모습이 나오는 게 아닌가. 불과 1년 전 일인데도 갑자기 까마득해지는 것 같았다. 나는 차오르는 눈물을 참기 위해 눈을 질끈 감았다.

나는 먼저 1년 전 방문했던 마을 할머니 집으로 갔다. 여러 기자들한테 치여서인지 이제 좀 그만 가라고 언성을 높이던 할머니가 나를 알아보고는 바로 집 밖으로 나왔다. 나인 줄 알았으면 반갑게 맞이했을 텐데 못 알아봐서 미안하다고 말하는 할머니의 얼굴은 얼마나 울었는지 온 기운이 싹 빠져나간 느낌이었다. 그러곤 좋은 일로 다시 만나면 좋았을 텐데 이렇게 만나니 마음이 너무 안 좋다며 나를 집 안에 데리고 들어갔다. 할머니는 텔레비전을 보며 내내 눈물을 흘렸고 참 좋은 사람이 아깝게 갔다며 탄식했다.

발인식이 있던 촬영 마지막 날, 새벽부터 대통령의 마지막 가는 길을 지켜보기 위해 모여든 사람들이 마을 가득 기다리고 있었다. 나는 할머니를 따라 마을 어느 집의 2층으로 올라가 계단에서 발인식을 지켜봤다. 그 집 앞에 운구차가 서 있어서 관이 차에 실리는 모습을 바로 위에서 촬영할 수 있었다. 그 순간이 카메라를 들었던 모든 시간 중에 가장 괴로웠던 것 같다. 지금이 인사할 수 있는 마지막 기회인데 촬영을 해야 한다는 이유로 절 한 번 하지 못하는 게 속상했다. 그냥 이 장면은 포기하더라도 사람으로서 인사를 하는 게 맞지 않을까 싶었지만 나는 끝내 카메라를 놓지 못했다. 운구차가 마을 초입을 나서고서야 비로소 카메라를 내려놓고 마지막 인사를 할 수 있었다.

처음 봉하 마을을 찾았을 때 노 전 대통령은 우리에게 이렇게 말했다. 사실 오리 농법을 하자 해 놓고 잘 안 될까 봐 걱정이 된다고. 하지만 새로운 도전 없이는 발전도 없기에 해 나가야 된다고 했다.

대통령이라는 무거운 자리에서 내려와 고향에서 농부로 새로운 꿈을 꾸던 그의 모습이 생생한데 불과 1년 뒤 그의 도전은 남은 사람들의 몫으로 남겨졌다. 나의 20대는 그렇게 '대통령 노무현'의 생과 사를 지켜보며 저물어 갔다. "사람이 되어야 합니다. 따뜻한 사람이 되어야 합니다. 나하고 가까운 우리에게만 따뜻한 사람이 아닌 넓은 우리에게 따뜻한 사람이 되어야 합니다"라는 그의 말을 간직한 채 말이다.

몇 년 전 한 기업 관계자에게서 캠페인 광고 작업 제안을 받은 적이 있다. 연예인이나 셀럽이 아닌 보통 사람들의 이야기를 광고로 만들려고 하는데 주변 사람 추천으로 내게 연락했다고 했다. 나는 당연히 그가 인터뷰나 다큐멘터리 촬영을 제안할 것이라고 생각했다. 그런데 뜻밖에도 나에게 캠페인 광고 총괄 디렉터를 맡아 달라고 했다. 광고 제작 경험이 전혀 없는데 도대체 뭘 믿고 나한테 광고를 맡기려는 걸까. 두려웠지만 다시 없을 기회라는 생각이 들어 그의 제안을 받아들였다.

하지만 역시나 광고 제작이 처음이다 보니 문서 작업 실수부터 스태프 교체까지 크고 작은 실수를 연발하게 되었다. 그때마다 그는 나를 질책하는 대신 묵묵히 기다려 주었다. 그렇지만 언젠가부터 사람들과 미팅을 할 때 자꾸만 주눅이 드는 나를 발견하게 되었다. 내가 봐도 스스로가 너무 부족하다는 생각이 든 것이다. 이 대로 가다가는 같이 일하는 사람들에게 괜히 민폐만 끼치는 건 아닐까 두렵기도 했다. 고민 끝에 나는 그에게 문자를 보냈다.

"제가 총괄 디렉터를 하는 게 맞을까요?"

잠시 뒤 휴대폰이 울렸고 나는 애써 마음을 다독이며 문자 메시지를 확인했다.

"이미 충분히 잘해 내고 계시잖아요."

이 사람은 도대체 왜 나를 믿는 거지, 나도 나를 못 믿겠는데. 내가 광고를 망치면 어쩌려고 이러는 걸까. 하지만 그때의 나에게는 무엇보다 격려와 확신이 필요했던 것 같다. 그래서 잘해 내고 있다는 그의 말에 다시 힘을 낼 수 있었다. 아니, 나의 가능성을 믿어 주는 그를 실망시키지 않기 위해 내가 할 수 있는 혼신의 노력을 다했다. 다행히도 광고 제작을 무사히 마쳤고, 반응도 나쁘지 않았다.

하지만 돌아보면 어떻게 지나왔을까 싶을 정도로 아찔하다. 그때의 일을 계기로 나조차 나를 믿지 못해 흔들릴 때 나를 끝까지 믿어 주는 사람이 있다는 것이 얼마나 큰 힘이 되는지를 깨달았다. 반대로 그의 입장에서 생각해 보면 정말 쉬운 일이 아니었을 것이다. 아무리 가능성이 있다 해도 계속 실수하는 초짜를 어떻게 끝까지 믿어 줄 수 있었던 걸까.

얼마 전 송골매를 인터뷰할 때의 일이다. 기타리스트인 배철수와 보컬 구창모를 주축으로 한 송골매는 대한민국 록 역사에 한 획을 그은 전설의 밴드다. 하지만 모두가 알다시피 4집 앨범 발매를 앞두고 갑자기 보컬 구창모가 밴드를 탈퇴해 버렸다. 그 뒤 구창모는 솔로 가수로 데뷔했고, 송골매는 배철수가 나머지 멤버를 이끌며 활동을 이어 갔다.

하지만 워낙 록 밴드로서는 드물게 대중적인 인기를 얻다 보니 둘의 결별을 놓고서 사람들은 온갖 루머를 쏟아 냈다. 당연히 좋은 이야기는 거의 없고 한때는 각별했지만 이제는 남보다 못한 사이가 되었다는 얘기가 많았다.

그런 그들이 38년 만에 재결합을 발표했다. 그런데 구창모는 "왜 솔로로 데뷔하셨나?"라는 질문에 "제 욕심 때문입니다"라고 답했다. 그러자 옆에 있던 배철수는 밴드를 하는 게 워낙 힘들었다며 자신이라도 나갔을 거라고 거들었다. 당시 밴드는 방송 무대만으로는 생계를 잇는 게 어려워 거의 매일 클럽에서 노래를 해야 했다. 그래서 보컬의 목은 상할 수밖에 없는 상황이었고 그럴 때 찾아온 솔로 데뷔의 기회를 놓치긴 힘들었으리란 것이다.

배철수에겐 롤링스톤즈처럼 오래가는 밴드를 만들겠다는 꿈이 있었기에 서운할 수밖에 없었다. 그래서 구창모가 탈퇴하고 나서 잠시 서로에게 소원했던 기간은 있었지만 그래도 싸운 적은 없었다. 오히려 서로 사회에 나와서 만난 가장 친한 친구로 여겼고 팀 탈퇴 후에도 변함없이 그 마음을 이어 오고 있었다.

그 뒤 구창모는 솔로 가수로 활동하다 사업가로 변신했고, 배철수 또한 송골매를 끝으로 음악을 그만두고 라디오 DJ로 활동해왔다. 시간이 지나면서 구창모는 다시 무대로 돌아가 노래를 부를 일이 없을 거라고 생각했다. 하지만 배철수는 구창모에게 다시 무대로 돌아오라고, 너는 노래를 불러야 한다고 늘 얘기했다.

"10년 전쯤 구창모 씨와 만나면서 그가 음악을 하지 않는 것이 아깝다고 생각했다. 가능하면 우리가 더 나이 들기 전에 송골매 공연을 하면 좋겠다 싶었다."

그렇게 그들은 38년 만에 공연을 준비하게 되었다. 그 말을 들으니 더욱 궁금해졌다. 배철수는 왜 구창모에게 음악을 포기하지 말라고 한 걸까. 구창모 본인도 포기했는데 왜 계속 노래를 하라고 설득하며 공연까지 추진한 걸까.

"처음 연습실에서 만났을 때부터 지금까지 구창모 씨가 노래하는 걸 들을 때 단 한 번도 행복하지 않은 적이 없다. 연습할 때도 그렇고 무대 위에서도 그렇고 곁에서 그의 노래를 들을 때마다 너무 행복했다."

그래서 자신한테는 이번 재결합 무대가 음악 인생의 마지막일지 모르지만 구창모에게는 이 무대가 또 다른 시작이기를 바란다고 했다. 그들을 바라보며 문득 그런 생각이 들었다. 나보다 나를 더 믿어 주는 사람을 만난다는 것 자체가 인생에서 얻을 수 있는 가장 큰 행운 아닐까.

예전에 황정민 배우를 만났을 때 비슷한 감정을 느낀 적이 있었다. 황정민은 단역 배우 시절부터 엄청난 노력을 해 온 것으로 유명했다. 역할을 하나 맡으면 그와 관련된 사람들을 만나 특징과 말투, 버릇 등을 노트에 적어 두고 그 캐릭터가 되기 위해 끊임없이 고민했다. 2002년 개봉된 영화 '로드 무비'를 찍을 때는 '대식'이라는 노숙자 캐릭터를 연기하기 위해 실제 서울역에서 일주일간 노숙자들과 함께 지내기도 했다. 그런데 그는 연기란 원래 그렇게 하는 것이라고 했다. 남의 인생을 어떻게 쉽게 살 수 있겠느냐면서 말이다.

그렇게 치열하게 살아온 그에게 배우 생활 중 언제가 가장 행복한 순간으로 남아 있냐고 묻자 그는 청룡영화상에서 남우 주연상을 받았을 때라고 말했다. 수상자로 호명되자마자 그는 무명 시절 아내가 해 준 말이 떠올랐다고 한다.

"당신은 언젠가 남우 주연상을 받게 될 거야."

그는 나 같은 단역 배우가 무슨 남우 주연상이냐며 말도 안 되는 소리라고 웃어넘겼다. 하지만 아내는 무명 시절부터 주연 배우가 된 순간까지 늘 당신은 좋은 배우라고 격려와 믿음을 아끼지 않았고 결국 황정민은 그녀의 말처럼 청룡영화상에서 남우 주연상을 받게 되었다.

재능이 있고 노력을 하는데도 안 될 때가 있다. 사람 일이라는 게 타이밍과 운도 중요해서 아무리 노력해도 어느 단계에서 미끄러질 때도 있다. 그럴 때 참 힘이 빠진다. 재정비하고 다시 도전을 해야 하는데 그게 쉽지가 않다. 그런데 그렇게 약해지고 자신 없어질 때 나를 믿어 주는 누군가의 말에 힘을 냈던 순간이 있다.

잘하고 있다고. 충분히 해낼 수 있다고.

다시 힘을 낼 수 있었던 것은 한 사람을 끝까지 포기하지 않고 믿는다는 것이 얼마나 귀한 일인지 알기 때문이다. 언제까지 붙잡고 있을 거냐고 때론 현명하게 포기할 줄도 알아야 된다고 말하는 사람들은 만날 수 있지만 오랜 세월 곁에서 격려를 넘어서 무조건적으로 신뢰해 주는 사람을 만나는 건 쉬운 일이 아니다.

만약 지금 당신에게 그런 사람이 있다면 그 신뢰의 힘을 믿기를 바란다. 그 힘이 분명 당신을 조금씩 앞으로 나아갈 수 있게 밀어 주고 있을 것이다.

그럼에도 그들이
최선을 다하는 이유

청년창업사관학교 304호 앞.

아침부터 예민한 얼굴로 구상 중인 캐릭터를 붙잡고 고민 중인 사람에게 질문을 건넸다.

"실패의 두려움에도 불구하고 대표도 아닌 팀원으로 이 사업에 인생을 건 거 후회 없으세요?"

"네, 전 늘 하고 싶은 일을 하며 살아왔고 결과와 상관없이 최선을 다해요."

한참 동안 얘기가 이어졌고 처음의 질문마저 잊힐 때쯤 그가 말했다.

"제 인생이 한번 크게 바뀌게 된 계기가 있었어요. 제가 스물다섯 살 되던 해에 부모님 두 분이 모두 돌아가셨어요. 어머니는 급

성 암으로, 아버지는 뇌졸중으로요. 두 분은 돌아가실 때까지 하고 싶은 거, 원하는 걸 해 본 적이 없어요. 자식들을 위해서 일만 하시다 돌아가셨죠. 그 후로 전 제가 하고 싶은 일은 꼭 하며 살고 있어요. 그게 두 분이 남기고 간 메시지 같아서. 근데 왜 자꾸 후회 없냐는 질문을 하세요? 후회할 만한 일이 많으셨어요?"

"아뇨. 제가 만약 성공률이 10%도 안 되는 일에 뛰어들었다면 잘 안 됐을 경우를 떠올리며 두려움에서 벗어날 수 없을 것 같아서."

"저희 어머니 치료비로 3,500만 원이 들었어요. 그때가 마침 IMF가 터졌을 때였고 그 돈이 저희 가족의 전 재산이었죠. 하지만 전부를 걸었는데도 살리지 못했어요. 그런데 지금도 다행이라고 생각하는 건 그때 전부를 걸었다는 것, 최선을 다했다는 거예요. 그래서 지금도 이 캐릭터에 최선을 다하고 있는 거고요. 결과가 어떻든."

그가 나에게 "왜 자꾸 후회 없냐는 질문을 하세요?"라고 되물었을 때 속으로 놀랐다. 어쩌면 나는 성공이 어느 정도 확보되어야 도전을 했고 그래야 안심하며 최선을 다해 왔던 건 아닐까. 10%든, 90%든 확률일 뿐 결과를 보장하는 게 아닌데 그런 안일한 선택 때문에 또 다른 기회를 놓쳐 버린 건 아닐까.

우리는 절대 결과를 예측할 수 없다. 또 예측할 수 없기에 의미를 갖는 것이 인생이기도 하다. 그렇다면 내가 할 수 있는 일은 그의 말처럼 결과가 어떻든 최선을 다하는 것밖에 없지 않을까.

대전에 있는 한 대장간을 촬영하게 되었다. 4대째 칼을 만들고 있는 집안이라는 얘기를 들으니 사장이 칼에 대해 어떤 감정을 품고 있을지 궁금해졌다. 전만배 사장, 그가 처음 칼을 간 건 열네 살 때라고 한다. 12월 24일 크리스마스이브, 아침에 놀러 나가려는데 아버지가 "너 칼 좀 갈아 봐"라고 했단다. 그렇게 처음 칼을 잡았는데 너무 잘해서 아버지를 깜짝 놀라게 만들었다. 아버지는 그날 이후로 그에게 공부를 그만두고 대장간 일을 하게 했고, 그는 1년 만에 칼 가는 전 과정을 체득했다. 뜨거운 가마 앞에서 쇠를 달구며 어린 시절 이야기를 하는 그의 얼굴에 장작불에서 비친 붉은 빛이 아른거렸다. 나는 그에게 물었다.

"다른 친구들처럼 학교를 가고 싶으셨을 텐데 하루 종일 칼을 만들어야 되니 힘드셨겠어요."

"아니, 나는 이 불빛이 참 좋았어. 칼을 만들면서 이 장작불을 보잖아. 그렇게 아름다울 수가 없어. 한 번도 같은 색이 나오질 않고 시시각각 오묘한 색이 춤을 춰. 그래서 보다 보면 멍하니 빠져들게 돼. 나는 그게 참 좋았어."

그러고 보니 그의 얼굴에 아른거리는 불빛이 춤을 추는 것 같았다. 40년 넘게 봤을 불의 춤이 오늘도 이어지고 있었고 그는 여전히 그 춤에 빠져 있는 것처럼 보였다.

아침 일찍 시작된 작업은 오후 6시가 되자 정확히 멈추었다. 그는 저녁을 먹으러 간다며 대장간 밖에 있는 비닐하우스로 향했다. 그를 따라 비닐하우스 안으로 들어가니 별천지가 따로 없었다. 그가 아내를 위해 만든 큰 어항이 있었고 식물들이 가득했다. 그리고 사람 좋아하는 부부에게 맞춤형인, 큰 식당에나 있을 법한 식탁과 음식을 만들어 먹을 수 있는 부엌, 게다가 흥을 돋우는 노래방 기계와 조명까지 완비되어 있었다.

그의 퇴근 시간에 맞춰 아내는 기가 막힌 저녁상을 준비하고 있었다. 그렇게 하루의 일과를 마치고 좋아하는 공간에서 사랑하는 이와 남은 저녁 시간을 보내는 모습을 보니 궁금했다.

"오늘 하루 어떠셨어요?"

그는 더할 나위 없이 행복하다고 했다. 오늘 주문 들어온 칼을 최선을 다해 만들었으니, 저녁 맛있게 먹고 즐겁게 놀면 그만이라고.

청년창업사관학교에서 만난 청년과 대장장이가 말한 최선에 대해 생각해 봤다. 청년은 불확실하지만 자신의 일에 전부를 거는 것이 최선이라 말했고, 대장장이는 자기에게 주어진 일을 그저 열심히 하는 것이 최선이라 말했다. 나는 그들이 말하는 최선에서 기분 좋은 간결함을 느낄 수 있었다. 다른 사람의 삶과 비교하거나, 세상의 시선을 의식하며 자신을 괴롭히지 않고 오롯이 자기 선택을 믿고 지금의 삶에 집중하는 간결함.

누군가 나에게 최선을 다했느냐고 묻는다면 나는 뭐라고 답할 수 있을까. 적어도 오늘만큼은 '네. 최선을 다했어요'라고 간결히 말할 수 있을 것 같다. 기분 좋게 맥주 한잔 마시고 싶은 밤이다.

평생 '괴짜'라는
소리를 듣는다 해도

　이광형 카이스트 총장이 '유 퀴즈'에 출연한다는 소식을 들었을 때 실제로는 어떤 사람일지 궁금했었다. 35년 동안 카이스트 전산학과 교수로 있으면서 한국의 1세대 벤처 창업가들을 대거 배출해 벤처 창업의 대부로 이름을 알렸고, 무엇보다 드라마 '카이스트'에 등장하는 괴짜 교수의 실제 모델로 유명했기 때문이다.

　그는 교수 시절 스포츠카를 타고, 랩을 흥얼거리며 강연장에 나타나고, 정적인 캠퍼스 연못에 뭔가를 키워 보면 좋을 것 같아 몰래 시장에서 거위를 사 와 키우고, 학생들에게 자신의 컴퓨터를 해킹해 보라는 기상천외한 시험 문제를 냈다. 그래서 카이스트 학생들에게 좀 이상한 교수가 누구냐고 물으면 다들 이광형 교수라고 했다.

텔레비전과 글자, 그림도 거꾸로 본다고 하기에 왜 그렇게 하냐고 묻자 그는 이렇게 답했다.

"왜 그러느냐고요? 고정 관념에서 벗어나기 위해서입니다. 저는 조직도도 거꾸로 봅니다. 보통 조직도를 보면 총장이 제일 위에 있고 밑에 부서들이 쫙 있고 그러지 않습니까. 그런데 그걸 거꾸로 보면 총장이 누굴 섬겨야 하는지를 알 수 있습니다. 학생과 교수들을 제일 위로 모셔야 한다는 걸 알게 되는 거죠. 왜냐하면 대학교 조직이라는 것이 지시나 명령이 통하는 조직이 아니거든요. 모든 구성원들의 마음을 사야 해요."

그가 처음부터 텔레비전과 사물을 거꾸로 본 건 아니었다. 15년 전 매일 비슷한 업무에 뇌가 굳는 듯한 위기감이 들어 텔레비전을 거꾸로 보기 시작했다. 인간의 뇌는 유연하고 항상 변하므로 뇌를 바꾸면 인생을 바꿀 수 있다고 생각했기 때문이다.

그는 40여 년 전 자신이 지금의 청춘들과 다르지 않았다고 했다. 사람들이 모이는 자리에 가면 섞이기가 어려워 '나는 왜 이렇게 다른 생각을 하는 걸까' 싶어 위축됐었고, 남보다 잘하는 게 하나도 없다는 생각에 우울한 나날을 보냈다고도 했다.

"옛날에는 이상하다는 얘기를 많이 들었어요. 그런데 너무 그러다 보니까 외로웠어요. 사람들이 저를 좀 싫어하는 것 같고, 괴짜, 이상한 사람이라는 손가락질도 받고."

그래서 그는 꽤 오랫동안 외롭게 지냈다. 교수가 된 뒤에도 마찬가지였다. 그런데 과학자가 되어 더 나은 세상을 만들고 싶다는 꿈이 있어 그 힘든 시간을 버텨 낼 수 있었다고 했다. 만약 꿈이 없었다면 그 시간을 버텨 내지 못했을 거라고. 물론 그는 이름을 떨치는 과학자가 되지는 못했지만 공부보다 좋아하는 일에 미친 학생들을 거두어 벤처 창업의 꿈을 이루게 만들었다. 그리고 인공지능과 바이오 정보, 미래학까지 분야를 넘나들며 미래를 향한 자신만의 꿈을 하나씩 실현해 왔다.

"이상한 학생을 자꾸 바꾸려고 하는데 그럴 일이 아닌 것 같아요. 이 세상에 변화를 일으키는 건 괴짜들입니다. 괴짜, 이상한 생각, 새로운 생각을 존중하고 칭찬하고 격려해야 합니다."

세상에 굵직한 결과들을 내놓는 사람들의 인생 면면을 들여다보면 그 길이 고독한 경우가 참 많다. 이광형 총장 또한 남들과 다른 생각을 하다 보니 독창적인 연구 결과들을 내놓을 수 있었지만 대신 평생 외로움을 견뎌야 했다. 그래서 그는 어딘가에서 자신처럼 외로워하고 있을 괴짜들에게 용기를 주고 싶다고 했다. 다들 내면에 자신만의 특별하고 기이한 상상력 몇 개씩은 품고 있는데, 다만 겉으로 꺼내 보일 용기가 없을 뿐이기 때문이다.

그래서 그는 학생들에게도 아주 작은 것이라도 해 보지 않은 것들을 하나씩 도전해 볼 것을 권한다. 지식보다 중요한 것은 상상력이고, 일상에서 늘 새로운 상상을 하며 작은 시도들을 이어 나갈 때 결국 머릿속 상상이 실제 현실로 구현될 수 있기 때문이다.

그리고 남과 비교하려고 하지 말고 자신의 꿈을 찾으라고 얘기한다. 꿈을 가지고 있으면 가슴이 설레고 저절로 최선을 다하게 된다. 또 좌절을 해도 포기하지 않을 수 있고, 포기하지 않으면 결국 무언가를 이루게 된다. 그래서 그는 올해 카이스트 입학식에서도 이렇게 말했다.

"이제부터 해야 할 일은 꿈을 찾는 것입니다. 가슴 떨리는 꿈을 찾은 사람은 학교를 떠나도 좋습니다."

그는 그 이유에 대해 이렇게 말했다. 정말 하고 싶은 일을 찾은 학생들은 스스로 공부해 나갈 것이니 걱정할 것이 없다고. 걱정해야 할 대상은 무엇을 해야 할지 모르는 학생이라고. 그래서 그는 학생들에게 정말 하고 싶은 일을 찾았다면 지금 당장 휴학을 하고 그 일을 시작해도 좋다고 말한다.

그는《우리는 모두 각자의 별에서 빛난다》라는 책에서 이렇게 이야기했다.

"명확한 꿈을 가진 사람은 가장 고된 길에서도 앞으로 나아가지만 아무 꿈이 없는 사람은 가장 순탄한 길에서조차 포기하고 주저앉는 법이다."

그와 인터뷰를 하다 보니 언젠가 신림동 고시촌에서 만난 한 청년이 떠올랐다. 처음 만났을 때 그는 사법 고시를 치르고 나와 가채점을 해 봤는데 아무래도 떨어진 것 같다며 낙심한 상태였다. 그는 나에게 "이게 내 길이 아니라면 포기하고 다른 걸 찾아보겠는데, 진짜 하고 싶은 건데 떨어져서 너무 마음이 아프다"고 했다. 그래도 노력했으니까 다른 사람은 몰라도 하늘에 맹세코 떳떳하다고.

애써 담담히 말하는 그에게 나는 어떤 위로도 건네기 어려웠다. 그는 이제 어떤 선택을 하게 될까. 다음 날 만났을 때 그는 짐을 옮기고 있었다. 분위기를 바꿔 보려고 다른 고시원으로 이사를 가는 중이라고 했다. 작은 창이 나 있는 방에 짐을 푼 그는 말했다.

"꿈이나 목표 없이 사는 사람도 많은 것 같더라고요, 그냥 하루하루. 그래도 저한테는 마음속에 품고 있는 게 있고 가야 할 길이 있으니까 그거 하나만으로도 뿌듯하고 그런 것으로 위안을 삼죠. 가야 할 길이 있고 목표가 있으니까, 흔들림 없이 가기만 하면 되는 거니까."

몇 년 전 서울 주요 대학가를 지나는 273번 버스를 촬영하며 나는 많은 대학생들을 만날 수 있었다. 그중 버스 뒷자리에 앉아 남자 친구와 밝게 이야기를 나누고 있는 한 여학생에게 졸업하면 뭘 하고 싶은지 물어봤다.

"사실 제가 뭘 하고 싶은지 모르겠어요. 대학만 들어가면 다 될 줄 알았거든요. 그런데 대학에 들어가니까 다들 취업 걱정을 하더라고요. 저도 그냥 취업만 되면 좋겠단 생각뿐이에요."

당연히 하고 싶은 것도, 되고 싶은 것도 많다는 이야기를 할 줄 알았는데 많은 대학생들이 그렇게 말했다. 대학에 오자마자 취업 걱정을 하는 게 현실이라고, 자신이 뭘 좋아하고 뭐가 되고 싶은지는 깊이 생각해 본 적이 없다고.

나도 그런 적이 있었다. 애를 써서 기껏 관문 하나 통과했더니 또 다른 관문들이 연이어 기다리고 있었다. 그런데 그게 인생이었기에, 이런 생각이 들었다.

'관문을 삶의 목표로 삼으면 안 되겠구나. 왜 그 관문으로 향하고 싶은지, 그 관문으로 가는 이유를 찾는 것이 중요하겠구나.'

그래야 다음 관문이 오더라도 공허함이나 지치는 마음 없이 그 길 자체를 즐길 수 있다는 것을 깨달았다. 그리고 만약 관문을 통과하지 못하더라도 의미를 알고 가는 길이기에 걸어가는 과정에서도 분명 얻는 게 있다는 것도 알게 되었다. 신림동 청년이 지금은 초라하지만 꿈을 가지고 있다는 것이 뿌듯하다고 말하던 마음도 아마 그와 같지 않았을까. 그래서 설령 사법 고시에 또 떨어졌다 하더라도 그는 무엇이든 되어 잘 살고 있을 거란 생각이 든다. 꿈을 가지고 산다는 게 그런 것이기 때문이다.

올라가던 사다리가 무너지면
다른 사다리를 찾으면 된다

　핸드볼은 올림픽 효자 종목이지만 국내 관중에게는 별로 인기
가 없는 스포츠이다. 그래서 중요한 경기가 벌어져도 구장은 텅
텅 비어 있다. 핸드볼이 잠깐이나마 사람들의 관심을 끌었던 건
2004년 아테네 올림픽에서 여자 핸드볼 팀이 은메달을 따는 과정
을 그린 영화 '우리 생애 최고의 순간'이 흥행했을 때였다. 그러나
그것도 잠시 핸드볼은 다시 사람들의 관심에서 멀어져 갔다.

　2011년 용인 시청 여자 핸드볼 팀이 해체한다는 소식을 접하
고 '다큐 3일'은 그들을 찾아갔다. 용인시로부터 예산 부족을 이
유로 해체 통보를 받고 이제 남은 시간은 한 달밖에 남지 않은 때
였다. 핸드볼 출전 엔트리는 원래 16명이지만 그 팀에 있는 선수
는 다 합해 봐야 12명밖에 되지 않았다. 그리고 전용 체육관이 없

어서 경기장을 찾아 또 연습 상대를 찾아 전국을 돌아다녀야 했고, 전담 의료진이 없다 보니 웬만한 부상은 선수들이 자체적으로 해결해야만 했다. 마침 찾아간 날은 남자 고등부와의 연습 경기가 있는 날이었다. 알고 보니 그것도 감독이 여기저기 사정해서 겨우 성사된 경기였다.

선수들 사연도 각양각색이었다. 갓난쟁이 딸을 떼 놓고 나온 서른다섯 살 맏언니부터, 실력은 부족하지만 목소리로라도 힘이 되고 싶어 늘 파이팅을 외치는 바람에 기관지 약을 달고 사는 선수, 풍족하지 않은 가정 환경 탓에 어머니와 할머니, 동생에게 다달이 돈을 부치고 있는 스무 살 막내까지…. 그중 부상이 없는 선수는 한 명도 없었다.

권근혜 선수도 3년 전 뼈와 근육이 딱딱해져 운동할 때마다 통증이 심해지는 전신 류머티즘 진단을 받았다. 초기에는 숟가락도 제대로 들 수 없었지만 약으로 통증을 이겨 내며 기적같이 하루하루 버티고 있는데 쉽지 않다고 했다. 그럼에도 그녀는 당시 SK핸드볼 코리아리그에서 득점과 어시스트 1위를 기록하고 있었다. 그녀에게 팀 해체를 앞두고 어떤 심정인지를 조심스럽게 묻자 마음이 많이 복잡한 듯 보였다.

아프기 전에는 자신이 좋아서 한 것임에도 핸드볼 선수라는 사실을 밝히는 게 창피했다고 한다. 핸드볼이 워낙 비인기 종목이다 보니 아무리 잘해도 알아봐 주는 사람이 거의 없었기 때문이다. 하지만 전신 류머티즘 진단을 받고 나서 병과 싸우며 비로소 알게 되었다. 자신이 얼마나 핸드볼을 좋아하는지를. 그래서 지쳐 나가 떨어질 때까지 볼을 던지고 또 던졌다. 그녀는 당시에 썼던 일기를 내게 보여 주었다.

"다른 사람들은 알까, 핸드볼의 매력을. 순식간에 달려 나가 골을 넣는 그 느낌. 내 스텝에 휘청거리는 수비들, 내 패스로 시작되는 찬스들. 나의 플레이에 맞춰 움직여 주는 선후배와 친구들. 골을 넣고 유유히 수비 자리로 돌아올 때 그 느낌은 황홀함이다."

권근혜 선수에게 핸드볼은 초등학교 4학년 때 처음 접한 후로 삶의 전부였다. 그런데 이대로 핸드볼을 포기해야만 하는 걸까. 온몸이 부상으로 가득해도 숨이 목 끝까지 차오를 때까지 매달려 온 핸드볼을 말이다.

어느새 삶의 전부가 된 핸드볼을 못 하게 될까 봐 두렵다며 눈물을 보이는 권 선수에게 나는 깊이 공감할 수 있었다. 나도 다큐멘터리 일을 못 하게 된다면 그녀처럼 괴로울 것을 알기 때문이다.

나는 가끔 생각해 본다. '내가 이 일을 안 하고 살 수 있을까. 이렇게 충만해지는 감정을 내가 또 어디에서 찾을 수 있을까'라고.

하지만 이런 이야기를 하자 누군가는 그랬다. '다큐 3일'은 웬만한 사람들은 다 아는 지상파 방송 프로그램이고, 그래서 네가 찍은 것들을 알아봐 주는 사람들이 많으니까 그런 생각을 하는 거라고, 고정적인 수입도 없고 아무도 알아봐 주지 않는다 해도 그 일을 좋아하면 그때 가서 인정하겠노라고.

나는 정말 주목받지 못하고 많은 사람들이 봐주지 않더라도 다큐멘터리를 작업해 나갈 수 있을까? 내가 일에 열정을 가지고 임할 수 있는 건 결국 사람들에게 인정받기 때문이 아닐까? 어쩌면 사람들이 내가 취재할 때 호의적인 것도 방송사 이름 때문이 아닐까? 이러다 만약 프로그램이 사라지면 어떡하지? 그런 의문이 들기 시작하자 내 일에 대한 자부심이 위태롭게 흔들렸다. 결국 나는 고민 끝에 용기를 냈다. '다큐 3일'을 내려놓고 떠나자. 무작정 카메라를 들고 낯선 곳으로 가서 다큐멘터리 작업을 해 보자.

그렇게 나는 뉴욕으로 갔다. 영어를 잘하는 것도 아니었고 기획, 구성, 섭외 등 아무것도 준비된 것은 없었다. 그럼에도 혼자 카메라를 들고 길거리를 돌아다니며 사람들을 인터뷰했고 그걸 기록으로 남겼다. 그렇게 뉴욕에서 만난 다양한 인종, 다양한 나라에서 모인 사람들에게 나는 말했다. 10년 동안 방송국에서 일을 해 왔는데 아직 길을 못 찾은 것 같아서 그 해답을 얻으려고 이 작업을 하고 있다고.

그런데 놀랍게도 사람들은 내가 만든 결과물이 어느 방송국에 나가지 않더라도, 영화로 개봉되는 것이 아니라도 괜찮다며 기꺼이 촬영에 협조해 주었다. 방송국 명함에 기대지 않아도 충분히 내가 하고 싶은 다큐멘터리 작업을 할 수 있었던 것이다. 그리고 결과물을 아무도 보지 않을지라도 그와 상관없이 작업에 몰입하는 나를 보면서 그제서야 내 직업에 대한 자부심에 확신을 가질 수 있었다. 지금도 그때 촬영했던 영상들을 보면 내가 그 작업을 하며 얼마나 자유로워졌는지 느껴진다.

나는 그때 깨달았다. 잡고 올라가던 사다리가 무너지면 다른 사다리를 찾으면 된다는 것을. 하늘을 올려다보는 걸 잊지 않고 묵묵히 다리의 힘을 기르면 사다리는 나의 의지로 얼마든지 찾아낼 수 있다.

여자 핸드볼 팀을 취재하고 난 뒤 권근혜 선수가 종종 떠오르며 걱정이 되곤 했다. 하지만 팀 해체라는 초유의 사태 속에서도 그녀는 그해 SK핸드볼 코리아리그에서 MVP로 꼽혔다. 그리고 다음 해에는 다른 팀으로 옮겨 그리도 좋아하는 핸드볼을 더 할 수 있게 되었다.

2009년 쌍용자동차는 경영 악화를 이유로 2,600여 명을 정리 해고했다. 정리 해고 대상에 오른 노동자 대부분은 명예퇴직으로 회사를 떠났다. 정리 해고가 부당하다고 생각해 파업을 선택한 노동자들은 한순간에 '폭도'가 되었고, 국가가 공권력을 동원해 자행한 무자비한 폭력을 견뎌야 했다. 그 과정에서 희망을 잃어버린 30여 명의 해고 노동자와 가족들이 스스로 목숨을 끊었다. 하지만 그들이 간절히 바랐던 복직은 이루어지지 않았다.

2013년 그들은 4년째 복직을 외치며 농성을 벌이고 있었다. 나는 쌍용자동차 해고 노동자와 가족들을 위해 마련된 심리치유센터 와락으로 가서 그들의 3일을 기록하게 되었다.

나는 그렇게 철탑 농성을 벌이고 있는 해고 노동자의 아내를 만나게 되었다. 그녀는 매일 남편에게 올려 보낼 도시락을 준비하고 있었다. 그녀는 방송 및 언론사의 취재 요청에 익숙한 듯 보였다. 하지만 그만큼 실망도 컸던지 나에게 이런 말을 했다. "찍어 가도 우리의 이야기는 짧게 편집되지 않느냐"고. 나는 이번엔 한 시간 동안 방송되기 때문에 많은 이야기들이 담기게 될 거라고 말했다.

그녀는 원래도 조용한 성격이지만 그런 상황을 여러 번 겪으면서 더 약해진 듯 보였다. 남편이 1평도 안 되는 철탑 위에 올라가 있는데 어떻게 맘이 편할까. 자랑스러운 남편이 하루아침에 해고를 당한 것도 기가 막힐 노릇인데, 몇 년째 일터가 아닌 시위 현장에서 남편을 보게 될 것이라고 상상이나 했을까. 그리고 그녀 또한 어느 날 갑자기 '해고 노동자의 아내'가 되어 버렸다. 권지영 와락 대표는 이렇게 말했다.

"지금도 평택 지역에서는 '쌍용자동차 해고 노동자인 줄 알았으면 안 뽑았을 텐데' 이런 말을 하는 사장님들이 있어요. 쌍용자동차 해고 노동자라는 게 낙인이 된 거죠."

자신도 모르는 사이 원하지 않았던 낙인이 찍혀 버린 사람들. 하지만 남편의 의지를 꺾을 수 없었던 그녀는 그저 남편이 얼른 철탑에서 내려오기를 바라는 마음 하나로 묵묵히 도시락을 챙기고 있었다. 철탑으로 향하는 차 안에서 그녀는 말없이 창밖만 바라보았다. 그녀는 지금 어떤 생각을 하고 있을까. 그러나 묻지는 않았다.

차에서 내린 그녀는 철탑 밑으로 걸어가 도르레에 도시락을 실어 올려 보냈다. 그리고 가만히 올라가는 도르레를, 그 너머 철탑 위를 한참 동안 바라보았다.

나는 전화를 연결해 스피커폰으로 남편과 인터뷰를 했다. 몇 개의 질문을 마치고 나서 나는 옆에 있는 아내의 안부를 전했다. 그때는 지금처럼 영상 통화가 되지 않는 시절이었다. 남편이 철탑에 올라간 건 50일 전, 서로 보고 싶지 않을까 싶어 나는 촬영을 멈추고 아내에게 카메라 뷰파인더를 보게 했다. 그러고는 카메라 줌 버튼을 계속 눌러 남편을 작은 화면으로나마 볼 수 있게 만들었다. 남편은 오래 면도를 못 한 탓에 길게 자란 수염이 얼굴을 감싸고 있었고 언뜻 보기에도 수척해 보였다. 아내는 애써 웃으며 "수염이 언제 이리 길었어?"라고 말을 건넸고 남편은 아내를 향해 미소를 지으며 손을 흔들었다. 그렇게 둘은 오랜만에 뷰파인더를 통해 만날 수 있었다.

남편에게 소원을 말해 보라고 하니 잠시 생각하던 그는 모든 일이 끝나고 나면 가족 여행을 가 보고 싶다고 했다. 그렇게 철탑 위에 남편을 두고 아내는 다시 차를 탔다. 언제쯤이면 남편이 철탑에서 내려올 수 있을까. 언제쯤이면 마음 편히 가족 여행을 갈 수 있을까. 촬영을 마치고 아내는 내게 뷰파인더로 본 남편의 수염 난 얼굴이 계속 생각난다고 했다.

그들은 평범한 일상을 간절히 바랐다. 남편은 출근하고, 아이는 학교에 가고, 저녁엔 온 식구가 모여 앉아 밥을 먹고, 같이 잠드는 하루. 그런데 그런 일상을 도둑맞은 건 한순간이었다. 더욱 절망적인 것은 도대체 언제쯤 그런 일상을 되찾을 수 있을지 모른다는 사실이었다. 심리치유센터 와락의 발표에 따르면 쌍용자동차 해고 노동자 아내의 48%가 "1년 내에 자살을 생각해 본 적이 있다"고 했다. 그만큼 말로 형용할 수 없는 고통이었다.

3일 동안 와락을 취재하며 잊히지 않는 장면이 또 하나 있다. 서너 명의 아이들이 둘러 앉아 실뜨기 놀이를 하고 있었다. 나도 어릴 적 했던 놀이라 별생각 없이 웃으며 보다가 어느 순간 아이들이 뭘 만들고 있는지를 보고 놀랐다. 아이들이 실로 철탑을 만들고 있었기 때문이다. 해고 노동자 부모들이 그 모습을 보면 얼마나 가슴이 아플까. 그렇게 현실의 불행은, 겪지 않은 사람들은 상상도 못 한 곳까지 잠식한다.

뉴욕에 다큐멘터리를 제작하러 갔을 때의 일이다. 두 달 동안 찍었던 다큐멘터리의 막바지에 이르고 있었다. 하루는 한국에 가기 전 나름의 자유 시간을 즐기러 재즈 클럽에 갔다. 관광 코스로 알려진 곳이 아니다 보니 관광객은 나뿐인가 싶던 중, 저쪽에 내 또래 여자가 보여 말을 걸게 되었다. 그녀는 베네수엘라에서 왔다고 했다. 그녀도 내일이 뉴욕에서 보내는 마지막 날인데 아직 자유의 여신상을 보지 못했다고 했다.

"나도 아직 못 봤는데 그럼 내일 같이 보러 갈까?"

우리는 서로의 인스타그램을 공유했고 다음 날 2시에 만나기로 했다. 혹시라도 안 오면 어쩌나 걱정되었지만 역 앞에 다다르자 그녀가 손을 흔들었다. 우리는 자유의 여신상을 보기 위해 페리에 올라탔다. 그녀는 베네수엘라와 프랑스가 처음으로 수교를 맺고 교환 학생을 선발했는데 운 좋게 자신이 뽑혔다고 했다. 덕분에 행복하게 파리에서 대학 과정을 밟을 수 있었단다.

그런데 지금은 베네수엘라 경기가 너무 악화돼 다시는 이런 좋은 기회를 얻지 못할 것 같다고 했다. 지금 이 뉴욕 여행이 마지막 해외여행이 아닐까 싶고, 베네수엘라로 돌아가면 다시는 나오지 못할까 두렵다는 것이다. 사실 프랑스에서 학교를 다닐 때만 해도 국제기구에서 일하는 게 목표였지만 지금은 흐릿해졌단다. 자신뿐만 아니라 또래 친구들도 다 비슷한 상황이라고 했다. 나는 외국어도 능통한데 다른 나라에서 직업을 구하면 되지 않느냐고 물었다. 그러자 그녀가 말했다.

"정부에서 여권을 만들지 못하고 있어. 종이가 없어서."

나는 제도나 능력의 문제가 아니라 종이가 없어 여권을 만들 수 없고 그로 인해 해외도 나갈 수 없다는 말에 충격을 받았다. 베네수엘라 경제 위기에 대해서는 몇 년 동안 익히 들어 왔지만 그 정도로 심각한 줄은 미처 몰랐기 때문이다. 단 몇 줄의 기사로는 절대 알 수 없는, 상상도 못 한 불행과 절망이었다. 나는 그녀에게 아무 말도 할 수 없었다.

그리고 한국으로 돌아왔는데 코로나가 전 세계를 덮쳤다. 하루에도 수천 명씩 죽어 간다는 뉴스를 무기력하게 봐야 했고, 도시 전체가 봉쇄되는 나라가 속출했고, 베네수엘라와는 다른 이유였지만 똑같이 해외로 나갈 수가 없게 되었다. 그러다 문득 어느 날 부터인가 아이들이 실로 철탑을 만들듯 마스크를 끼고 생활하는 게 너무나 자연스럽다는 생각이 들었다.

순간 깨달았다. 하나둘 늘어 가는 제한에 익숙해지고 급격히 변해 가는 여러 환경 앞에서 '어떻게 살아야 할까'라는 근본적인 질문마저 흔들리고 있는 것은 아닐까. 나는 이런 상황에서 어떤 것에 깨어 있어야 할까. 빅터 프랭클은 나치 강제 수용소에서의 경험을 적은 《죽음의 수용소에서》라는 책에서 이렇게 말했다.

"나는 살아 있는 인간 실험실이자 시험장이었던 강제 수용소에서 어떤 사람들이 성자처럼 행동할 때 또 다른 사람들은 돼지처럼 행동하는 것을 보았다. 사람은 내면에 두 개의 잠재력을 모두 가지고 있는데, 그중 어떤 것을 취하느냐 하는 문제는 본인의 의지에 달려 있다."

돼지의 삶과 성자의 삶, 결국 '어떻게 살아야 할까'라는 질문의 답이 그 둘을 나눌 것이다. 그렇다면 지금 당신에게 묻고 싶다. 당신은 어떻게 살고 싶은가.

방황하고 있다는 것은
노력하고 있다는 증거다

　하이브에서 본인만의 독자적인 레이블을 만들고 걸그룹 런칭을 준비 중인 민희진 대표를 만났다. 그녀는 SM 엔터테인먼트에 공채로 입사해 소녀시대, 슈퍼주니어, 샤이니, 에프엑스, 엑소, 레드벨벳 등 아이돌 그룹의 컨셉 및 크리에이티브 디렉팅을 맡아 성공적으로 런칭하면서 SM 등기 이사 자리에 올라 주목을 받았다. 하지만 이사가 된 다음 해 돌연 퇴사를 결정했다.

　"무척 피곤했던 상황이었다. 일을 많이 했다. 한 달에 앨범을 4~5개 내고, 뮤직비디오도 4~5개 찍었다. 팀원들과 우스갯소리로 서바이벌 대회가 있다면 1등을 할 수 있겠다고도 했다. 20~30대를 일에 바쳤다고 생각한다."

　하나의 성공을 이루면 바로 다음 허들이 기다리고 있고, 그걸 또 성공시키기 위해 일하고 그렇게 끝없이 자기 증명을 해야만 했다.

'나는 왜 이렇게 고통스럽게 사는 걸까?'

스스로를 더욱더 채찍질해 왔던 시간들…. 그녀는 퇴사 이후 업계를 떠날 생각까지도 했지만 아직 못다 이룬 꿈을 위해 새로운 도전을 시작했다.

왕관을 쓴 자는 그 무게를 견뎌야 한다고들 한다. 하지만 부담감을 이겨 내고 왕의 자리를 계속 유지하는 것은 결코 쉬운 일이 아니다.

'다이너마이트', '버터' 등을 비롯해 6개의 노래를 빌보드 차트 1위에 올렸으며, K팝 가수 최초로 그래미 어워드 후보에 오른 BTS. 작년에 그들을 인터뷰하게 되었을 때 나는 그들이 과연 어떤 고민을 하고 있을지 궁금했다.

그런데 그들은 "저희는 그저 열심히 했을 뿐인데 국가에 이바지했다, 이런 말을 들으니 너무 부담스러웠다(슈가)", "최선을 다해 활동하고 있지만 계속 이렇게 할 수 있는가에 대해 고민한다(RM)"고 했다. 지민은 예전에 한 번 부모님 앞에서 힘들다고 운 적도 있다고 고백했다.

"어머니, 저는 친구도 없어요. 주변에 친구를 두려면 끊임없이 무언가를 지불해야 하는 상황인 것 같아요."

사람들이 나를 '온전한 나'로 봐 주지 않는 것 같다고, 가수나 연예인이 아니라 '너는 어때?'라고 물어봐 주는 사람이 없는 것 같다고도 했다. 그래서 많이 외로웠단다. 다행히 곁에 멤버들이 있어 그 시기를 잘 넘길 수 있었다고 했다.

멤버 모두가 그들이 이룬 성공에 대해 무겁게 느끼고 있었다. 자신들은 그냥 평범한 청년들일 뿐인데 이런 스포트라이트를 받는 게 맞는지, 애드벌룬에 타서 처음에 하늘을 오를 때는 마냥 신났는데 이게 어느 순간 대류권 성층권까지 올라가고 있는 기분이라고. 그래서 언젠가 갑자기 추락하는 것은 아닌지 불안을 느끼고 있다고 했다.

그러면서 "사실 영원한 건 없지 않나. 슈가 형이 말한 게 있는데 추락보다는 안전하게 착륙하고 싶다고 했다. 그 말이 와 닿는다(제이홉)"고 했다.

전 세계적인 스타가 된 그들이 '추락과 착륙'을 얘기하는 것을 들으면 누군가는 배부른 소리를 한다고 할지도 모른다. 그들이 쓴 왕관의 무게를 누가 쉽게 짐작할 수 있을까. 나는 추락이 아닌 천천히 완만하게 착륙을 하자고 마음먹은 그들이 참 현명하고 단단하게 느껴졌다.

전 세계 정상에 올라 있는 지금, 그들은 화려한 영광에 취해 있지 않고 1등의 위치가 영원할 수 없다는 사실을 직시하고 있었다. 지금은 모두가 주목하고 있지만 언젠가 필연적으로 그들이 지금 누리고 있는 인기에는 변화가 있을 테고 그럴 때 사람들의 달라지는 시선과 태도에 무너지지 않도록 벌써 준비하고 있는 것이다. 그리고 지금과는 비교가 안 되게 작은 무대에 서게 되더라도 노래와 춤으로 사람들에게 전하고 싶은 진심은 잊지 않을 거라는 각오와 다짐을 한 것이다.

이제는 많이들 알고 있는 사실이지만 BTS가 데뷔하기 전 회사를 거쳐 간 연습생만 무려 30명이 넘는다. 다 같이 모여 연습생 생활을 하다가 누군가는 짐을 싸서 숙소를 나가야 했고, 그 자리는 새로운 연습생으로 채워졌다.

그래서 뷔와 RM은 그런 일이 반복되는 것이 처음엔 슬펐지만 나중엔 감정이 무뎌질 수밖에 없었다고 했다. 또 한 방에 7~8명이 같이 자는 것도, 부모님을 볼 수 있는 시간이 제한된 것도 어떻게든 견디어 냈지만 "너네는 언제 데뷔해?"라는 질문을 들으면 숨이 턱 막혀 왔다고 했다. 그만큼 기약 없이 버텨 내야만 하는 시간들이었다.

2013년 데뷔를 하면 모든 것이 달라지리라 생각했지만 생각보다 성공의 길은 멀고도 험했다. 처음에는 순수 힙합 그룹으로 출발했지만 아이돌 형태로 컨셉을 바꾼 것도 어떻게든 살아남기 위한 전략적인 선택이었다. 그 과정에서 멤버들은 할 수 있는 모든 노력을 다했다.

정국은 다른 팀 메인 보컬들은 노래도 잘하고 춤도 잘 추는데 '내가 이 팀에 메인 보컬로 있는 게 맞나' 하는 의문이 들어 보컬 연습 시간을 정해 두는 것을 그만두었다. 24시간 중 노래 부르는 게 가능한 시간 모두를 연습 시간으로 바꾼 것이다. 지민은 멤버들이 모두 인정할 정도로 연습 벌레였다. 누구보다 일찍 일어났고 누구보다 늦게 자면서 노래와 춤 연습을 했다.

또 처음에는 슈가, 제이홉, RM만 작사 작곡 크레딧에 이름을 올렸지만 나중에는 보컬라인인 뷔, 지민, 진, 정국도 자신의 이름을 올렸다. 멤버 모두가 싱어송라이터가 되기 위해 끊임없이 노력해 온 것이다.

고된 여정이었다. 하지만 그들은 지금껏 이룬 성취에 압도되지 않고 바쁘고 지쳐 있을 때도 스스로에게 '지금 내가 잘 살고 있는 걸까?', '내가 가고 있는 이 길이 맞는 걸까?' 묻고 그에 대한 답을 찾으려 노력했다. 자신들이 나아가야 할 길을 찾는 과정에서 때론 헤매기도 했고, 때론 넘어져 깨지기도 했지만 서로를 의지하며 지금에 이르렀다.

그러던 얼마 전 BTS는 팀 활동을 잠시 중단하고 개인 활동을 하겠다고 발표했다. 쉽지 않은 결정이었을 것이다. 그러나 "방탄소년단을 오래 하고 싶다. 오래 하려면 내가 나로서 남아 있어야 한다"라는 RM의 말을 들으며 '역시 그들답다'고 느꼈다. 인터뷰했을 때 느꼈던 단단함이 그대로 전해졌다. 그들은 건강하게 자신을 돌본 뒤에 더 단단해진 모습으로 돌아올 것이다.

살아가다가 이게 맞나 싶고, 그럼 뭘 해야 좀 나아질지 답을 찾으려 방황할 때마다 '나는 왜 이렇게 자꾸 흔들릴까' 자책을 했었다. 그럴 때 위안이 된 말이 있다. "인간은 노력하는 한 방황한다"는 괴테의 말이었다. 방황한다는 것이 약해서가 아니고 좀 더 나은 삶을 살기 위해 노력한다는 증거라고 지친 나에게 그가 말해 주는 것만 같았다. 그래서 방황을 하고 있을 때 이렇게 생각하기로 했다. '그래도 내가 안주하지 않고 어떻게든 나아지려고 노력하고 있구나'라고.

chapter 6

나에 대한 예의,
타인에 대한 예의

"안녕하세요. MBC '무한도전' 김태호 PD입니다. 혹시 통화 가
능하실까요?"

이 문자를 받았던 순간이 아직도 기억에 생생하다.

휴일이었고 마침 날이 좋아서 친구와 서울 대공원에 놀러 갔을
때였다. 기린을 보다가 무심코 휴대폰을 봤는데 문자가 와 있었
다. 그리고 내용을 확인한 순간부터 심장이 두근두근 뛰기 시작했
다. 낯선 번호라 누가 장난으로 보낸 문자일 수도 있다고 애써 흥
분을 가라앉히며 전화를 걸었다. 그런데 이게 웬일인가, 진짜 김
태호 PD였다. '무한도전' 400회를 앞두고 '다큐 3일'의 시선으로
현장을 기록해 보면 어떨까 해서 물어 물어 연락을 했다고 한다.

오래전부터 '무한도전' 팬이었기에 나로선 제안을 마다할 이유

가 없었다. 나는 며칠 뒤부터 다큐멘터리 VJ로서 3개월간 '무한도전' 현장을 기록하게 되었다. '무한도전' 멤버들과 스태프들은 다큐 팀이 낯설 텐데도 모두 편하게 받아들여 주었다.

그러던 어느 날 녹화 현장 밖에서 방송인 유재석을 촬영하기 위해 양해를 구하고 그의 차에 동승을 하게 되었다. 차에서라도 조금이나마 쉬면서 다음 녹화 준비를 해야 하는데 카메라를 든 낯선 사람이 인터뷰를 하자는 게 그의 입장에서는 꽤 불편한 일일 수 있다. 어떻게 하면 어색한 분위기를 깨고 인터뷰를 잘 진행할 수 있을까. 마침 코디네이터가 입고 있는 패딩이 눈에 들어왔다. 그래서 주저리주저리 말을 꺼냈다. 방송 현장에서 일하다 보니 겨울에 제일 편한 게 롱패딩인데 나는 아직 없다고, 코디네이터가 부럽다고. 사실 어떻게든 분위기를 풀어 보고자 아무 생각 없이 던진 말이었다. 그렇게 이런저런 이야기들을 주고받다 보니 어느새 다음 현장에 도착했다.

먼저 와 있던 스태프들이 차 문을 열고 그를 찾았다. 바로 이어질 녹화에 대해 간단한 브리핑을 하려는 것 같았다. 더 있으면 방해가 될 것 같아 얼른 차에서 내려 걸어가는데 뒤에서 "지현아, 어디 가?"라는 목소리가 들렸다. 돌아보니 그였다. 인터뷰를 하기 전에 간단히 통성명은 했지만 그가 내 이름을 기억하고 불러 줄 거라곤 생각도 못 했기에 적잖이 놀랐다. 보통 현장에서 사람들은 나를 부를 때 '저기요'라고 하거나 '촬영 감독님'이라는 호칭을 많이 썼다. 사람이 많아 일일이 이름을 기억할 수가 없기 때문이다.

나도 마찬가지였다. 그래서인지 그가 내 이름을 기억하고 불러 준 것이 계속 가슴에 남았다.

잠깐의 대본 미팅이 끝나고 쉬는 시간이 주어지자 나는 다시 차에 탔고 인터뷰를 이어 갔다. 그는 자신의 무명 시절 힘들었던 이야기들을 꺼내며 지금 이 시간들이 너무 감사하다고 거듭 말했다. 해가 져서 차 안이 어두웠지만 조명은 켜지 않았다. 카메라도 들지 않았다. 왠지 그래야 할 것 같았다.

마지막 촬영 날, 토토가 무대가 한창이었다. 지난 몇 개월 동안 스태프들이 이 무대 하나를 위해 얼마나 고생했는지 알고 있어서인지 촬영을 하면서도 감회가 남달랐다. 모든 녹화가 끝난 뒤 무대 뒤에서 김태호 PD와 마지막 인터뷰를 했다. 사실 지금 아내가 분만실에 있는데 녹화 때문에 갈 수가 없었다고 했다. 다른 스태프들 역시 밤낮없이 고생하는 모습을 볼 때마다 이렇게까지 하면서 방송을 해 나가야 하나 싶다며 울컥했다. 13년 동안 국민 프로그램을 만들어 오며 매주 반복됐을 그의 고뇌가 느껴졌다.

인터뷰를 마치고 녹화장 밖으로 나갔더니 엘리베이터 앞에 서 있는 유재석이 보였다. 녹화 끝난 지 40분이 훌쩍 지났는데 왜 저기에 있는 것일까. 순간 그의 손에 들려 있는 패딩이 눈에 들어왔다. 내가 차 안에서 말했던, 코디네이터가 입고 있던 바로 그 패딩이었다. 그는 나에게 패딩을 내밀며 말했다. 지난 3개월 동안 고생 많았다고, 네가 이 패딩 입고 싶어 했던 게 기억이 났다고. 그러면서 어깨를 가볍게 토닥였다.

그런데 나는 그 순간에 카메라를 들었다. '다큐 3일'을 하며 몸에 밴 습관이 그가 나에게 전하는 인사와 마음마저도 반사적으로 카메라에 담게 만든 것이다. 나는 그렇게 복도 끝까지 걸어가는 그의 뒷모습을 촬영했고, 그가 사라진 뒤에야 비로소 카메라를 내려놓을 수 있었다. 그러고는 패딩을 안고 한참을 우두커니 서 있었다.

그렇게 몇 분이 지났을까, VJ가 아닌 인간 박지현으로서의 감정이 올라오기 시작했다. 그 순간 깨달았다. 내가 제대로 된 감사의 인사를 전하지 못한 채 그를 보냈다는 것을. 그 순간을 놓치지 않기 위해 카메라를 들었지만 동시에 나의 순간을 잃었다는 회의감이 들었다.

카메라를 들고 삶을 기록해야 할 때는 지극히 객관적인 관찰자가 되어야 한다. 하지만 상대방의 일상을 가까이에서 지켜보다 보면 그와 나 사이에 사적인 감정이 오갈 수밖에 없다. 그러다 보면 어느 선까지 개입해야 맞는지, 어느 만큼의 거리를 둬야 하는지 정답이 없기에 선택하는 것이 쉽지 않다.

그런데 그와의 마지막 인사를 계기로 나는 한 인간으로서 놓치지 말아야 하는 순간에는 최선을 다해 표현해야겠다는 마음을 가지게 되었다. 자신의 일을 충실히 해내면서도 일터에서 만난 이들에게 관심을 기울이고, 사소한 일들을 기억하고 표현할 줄 아는 그를 만난 덕분이다.

그렇게 일의 성취만큼 오고 가는 마음이 얼마나 귀한지를 깨달고 난 후 정말 고맙게도 나는 생각지도 못한 곳에서 낯선 사람들에게 참 많은 것을 받았다. 진심 어린 환대와 세심한 친절, 속 깊은 위로의 말들이 내 안에 차곡차곡 쌓였다. 그리고 그 마음에 대한 감사를 미루지 않고 표현하게 되었다. 나의 일만큼 소중한 사람들에게 말이다.

왜 태아만 걱정하고 임신부에 대해서는
걱정하지 않는 겁니까?

　　다섯 쌍둥이 수술을 집도하는 등 다태아 분야 최고 권위자로
불리는 전종관 교수. 그는 그동안 어려운 분만을 도맡아 왔지만
사실 분만을 잘하고 건강히 퇴원한 산모와 아이는 금방 잊어버린
다고 했다. 하지만 태아가 사산되거나 혹은 산모가 분만 중에 사
망하는 경우는 잊혀지지 않는다고. 특히나 방금 전까지 밝게 이야
기를 나누던 산모가 알 수 없는 원인으로 갑자기 사망하게 되면
그 충격은 이루 말할 수가 없다.
　　그에게도 그런 순간들이 있었다. 10년 전, 산모의 상태가 안 좋
아서 걱정을 했지만 다행히 분만을 잘 마쳤고 아이도 무사했다.
CT랑 MRI 검사 결과도 좋았다. 산모는 밝게 웃으면서 말했다.
　　"곧 집에 갈 수 있겠어요. 오늘 집에 못 갈 줄 알았거든요."

그런데 대화를 나눈 지 30분도 안 돼서 산모의 상태가 급격히 안 좋아지기 시작했다. 그는 어떻게든 산모를 살려 보려고 애썼지만 결국 그녀의 죽음을 막지 못했다. 환하게 웃던 산모의 갑작스러운 죽음 앞에서 그는 망연자실할 수밖에 없었다. 아직도 그 산모를 떠올리면 괴롭다고 했다. 그래서 그는 '이 괴로운 일을 언제까지 해야 하나'라는 생각을 한다고 한다. 하지만 원인 모를 죽음을 맞이한 산모들에 대한 마음의 빚이 그를 분만실로 향하게 만든다. 한 명이라도 더 살리는 것이 그 빚을 갚는 길이라 믿기 때문이다. 만약 과거로 다시 돌아간다면 고치고 싶은 환자가 있냐고 묻자 그는 담담히 말했다.

"고치는 것은 바라지도 않고, 제발 그 죽음에 대한 답이라도 찾을 수 있으면 좋겠습니다. 아직도 그 이유를 몰라 너무 답답합니다."

인터뷰를 하는 동안에도 그의 휴대폰은 부지런히 울려 댔다. 진통을 겪고 있는 산모의 상태를 보고하는 연락이었다. 당장 달려가야 할 상황은 아니라고 해서 인터뷰를 간신히 이어 갔지만 휴대폰이 울릴 때마다 마음이 조마조마했다.

나는 그동안 산모가 임신하면 열 달 뒤 아이를 낳는 것이 당연한 일이라 여겼고, 분만실은 당연하게 탄생의 공간이라고만 생각했다. 하지만 태아가 사산되거나 산모가 죽을 수 있는 가능성이 늘 존재하기에 분만실은 탄생과 죽음이 동시에 존재하는, 긴장을 늦출 수 없는 곳이었다. 수천 명에 가까운 산모와 아이의 탄생, 그리고 죽음을 지켜봐 온 그에게 임신부들에게 하고 싶은 이야기가 있느냐고 묻자 그는 작정한 듯 말했다.

"안정 빼고 다 해도 됩니다."

그는 아기에게 도움이 된다는 이야기들은 대부분 근거가 없다며 대표적으로 '안정'을 꼽았다. 자연 유산을 경험한 임신부 중에서 임신 12주까지 유산할 확률이 80%, 12~40주까지 잘못될 확률이 20%로 12주까지 유산되는 아이들이 많은 것은 사실이지만 엄마가 누워 있어도 유산될 아이는 유산되고, 매일같이 돌아다녀도 유산되지 않을 애는 안 된다는 것이다.

임신부가 안정을 취한다는 이유로 움직이지 않으면 건강이 오히려 안 좋아질 수도 있다. 2주만 안 움직여도 몸에서 근육이 빠지고 혈전증 위험이 커질 수 있으며 삶의 질도 떨어진다. 그러므로 임신하면 누워 있는 게 좋다는 말에 절대 동의할 수 없다고 했다.

"누구를 위해서 안정을 하는 겁니까? 왜 태아만 걱정하고 임신부 걱정하는 사람은 없는 겁니까?"

그래서 그는 엄마들이 전업주부든 직장을 다니든 자기 인생을 잘 살고 있으면 그것으로 충분하다고 강조했다.

그러고 보니 여자들은 임신을 하면 '아기를 위해 안정을 취해라', '아기를 위해 태교를 열심히 해라', '아기를 위해 좋은 음식만 먹어라'라는 말은 질리도록 듣는데 '산모를 위해'는 왜 듣기가 어려울까? '몰라야지 임신을 하지, 알고는 못 하는 게 임신'이라는데 임신을 한 여자들은 늘 태아 뒤로 밀린다. 게다가 아이에게 이상이라도 생기면 임신부는 자신 탓이라는 죄책감까지 떠안는다. 임신을 하고 열 달 동안 아이를 배 속에 품고 있는 것도 힘든데 모두 태아만 걱정할 뿐 임신부에 대한 이해와 배려가 아직도 부족한 것이다.

인터뷰를 마치고 전종관 교수는 급히 병원에 갈 채비를 했다. 임신부들 곁에 '태아를 위해'가 아닌 '산모를 위해'를 말하는 그가 있어 참 다행이라는 생각이 들었다.

나에게 친구의 의미를 깨닫게 해 준 아이들

서울 천호동에 있는 곡교어린이집은 장애 아동과 비장애 아동이 함께 다니는 어린이집이다. 그곳에서는 장애 아동이란 말을 쓰지 않으며, 아이가 어떤 장애를 가지고 있는지도 특별히 알리지 않는다. 그 대신 장애 아동, 비장애 아동이 모두 함께한다는 의미로 통합 아동이라는 말을 사용하고 있었다.

처음 교실에 들어갔을 때 나는 장애가 있는 아이들에게 어떻게 다가가야 할지 몰라 조심스러웠다. 그러나 아이들은 서로 너무나 자연스럽게 어울렸다. 아니, 장애에 대한 아무런 편견이 없는 것처럼 보였다.

이를테면 그들에게 다리가 불편한 아이는 다리가 불편하지만 밥을 잘 먹고 노래를 잘 부르는 아이였다. 손이 불편한 친구는 양치질을 하는 게 조금 느리지만 아이들은 친구니까 양치질을 마칠 때까지 기다려 주는 게 당연하다고 생각했다. 몸이 불편한 친구는 조금 늦게 걸을 뿐, 손을 잡아 주면 빨리 움직일 수 있는, 그저 약간의 불편함을 지닌 친구였다. 그래서 아이들은 계단을 올라갈 때 자연스럽게 몸이 불편한 친구에게 먼저 손을 내밀었다. 도움을 주기 위해서라기보다는 자신의 친구이기 때문에 그렇게 했다.

점심시간, 대다수 아이들은 식당으로 가서 밥을 먹었지만 먹는 속도가 느린 몇몇 장애 아동들은 교실에서 밥을 먹고 있었다. 그리고 그 아이들과 같이 밥을 먹고 싶은 친구들이 함께 점심을 먹고 있었다. 나는 아이들이 친구의 장애를 어떻게 이해하고 있을지 궁금했다. 그래서 한 아이에게 옆의 친구는 어떤 사람인지 소개를 해 달라고 했다. 잠시 생각을 하던 아이가 말했다.

"○○이는 머리가 짧고 저는 머리가 길어요. 노란색 (보행 보조) 신발이 있는데 저는 없어요. 그리고 저보다는 밥을 잘 먹어요. 싫어하는 것도 선생님이 말하면 잘 먹어요."

우리는 장애를 가진 사람을 동정의 시선으로 쳐다볼 때가 많다. 사회적 약자로서 도와주고 배려해야 하는 대상으로만 보는 것이다. 하지만 곡교어린이집에서 장애는 아이가 가진 특성이자 개성일 뿐이었다. 나는 또다시 물었다.

"친구가 늦게 오거나 뭘 하는 데 오래 걸릴 때 선생님이 같이 가라고 하거나 같이 좀 기다렸다가 오라고 하면 귀찮을 때도 있을 것 같은데 어때요?"

그러자 아이는 곧바로 "괜찮아요"라고 대답했다. 교실 뒤쪽에 있던 다른 아이가 대화를 듣고 있었는지 끼어들며 말했다.

"친구니깐 괜찮아요."

친구니까 돕는 게 당연하고, 친구니까 괜찮다는 아이들. 그 아이들에게 친구의 장애는 아무런 문제가 되지 않았다. 단지 친구에게는 노란색 신발이 있고, 자신에겐 없을 뿐이었다. 그곳에서 문제가 되는 것은 바로 나였다. 장애 아동을 안타까운 시선으로 바라보고, 비장애 아동들이 장애 아동들을 일방적으로 돕고 있다고 보는 내가 문제였던 것이다. 그때 곡교어린이집 선생님이 이렇게 말했다.

"장애가 있다고 해서 항상 도움이 필요하고 배려해 줘야만 하는 건 아니에요. 오히려 그런 시선과 생각이 상처가 되어 자존감이 낮아지는 경우가 많아요."

그와 관련해 1급 지체 장애인인 변호사 김원영의 책 《실격당한 자들을 위한 변론》은 이렇게 설명한다.

"장애인에게 편의를 제공할 의무를 진다는 것은 그저 장애인을 배려하라는 말이 아니라, 장애인이 그 신체적, 정신적 특성을 가지고 오랜 기간 나름의 방식으로 살아온 삶의 이야기를 존중하라는 요구와도 같다. (…) 만약 정의만이 문제라면, 계단이 10개 있는 회사에 장애인이 다니게 되었을 때 동료 직원들이 그 장애인을 번쩍 안거나 업어서 사무실까지 옮겨 주는 것만으로도 '정당한' 편의 제공이 성립할 것이다. 그러나 누군가에게 의존해야만 하는 상황은 '정당한 편의 제공'으로 인정받기 어렵다. 그런 방식은 장애인을 사무실로 들어가게는 하지만, 그가 휠체어를 자기 몸의 일부로, 일종의 '스타일'로 삼아 오랜 기간 독립적이고 주체적인 사람으로서 자기 이야기를 만들어 왔다는 점을 존중하지 않기 때문이다."

'장애인을 차별하면 안 되니까', '장애인은 사회적 약자니까'라는 생각을 가지기 이전에 그들을 독립적이고 주체적인 한 인간으로 존중할 수 있어야 한다.

곡교어린이집 아이들은 장애가 있는 친구들을 한 명, 한 명의 개성 있는 존재로 받아들이고 있었다. '장애인을 차별하면 안 되니까', '장애인은 사회적 약자니까'라는 대답 대신 '친구니까'라는 아이들의 대답은 나를 부끄럽게 만들었고, 내가 아직도 깨야 될 편견이 많다는 것을 깨닫게 했다. 친구를 불쌍하고 불행한 사람이니까 잘해 줘야 한다고 생각하는 사람은 없기 때문이다.

누구도 불행을 증명하라고
말할 권리는 없다

2018년 4월 16일 세월호 희생자 합동 영결 추도식이 있던 날
이었다. 추도식을 끝으로 안산에 세워져 있던 세월호 참사 희생자
정부 합동 분향소는 철거될 예정이었다. 지난 4년간 269위의 영
정들과 함께 세월호 참사의 아픔을 전해 온 전시 기록물들은 새로
건립될 4.16생명안전공원으로 이관될 예정이었지만 공원 건립을
두고 주민들 간에 찬반 갈등이 심화되고 있었다. 분향소를 마지막
으로 찾은 추모객은 이렇게 말했다.

"제가 세월호를 추모한다고 말하면 아직도 세월호 타령이냐
하면서 정치 애기들 많이 하시는데 정치와는 전혀 상관없다고 생
각하거든요. 저는 그저 대한민국 국민으로서 진심으로 추모하는
것뿐이에요."

당시 세월호에는 아직 5명의 미수습자가 남아 있었고 사고 원인에 대한 진상 규명도 제대로 이루어지지 않은 상태였다. 하지만 4년이라는 시간이 흐르면서 세월호 유가족들에 대한 관심과 의견들은 여러 갈래로 나뉘고 있었다. 언제까지 세월호 얘기를 할 거냐는 사람도 있었고, 세월호 얘기를 계속하는 딴 이유가 있는 것 아니냐는 사람도 있었다.

추도식이 시작되고 269명의 아이들 이름이 한 명씩 호명될 때마다 가족들은 차례로 단상에 올라가 아이의 위패를 챙겨 내려갔다. 그렇게 빈자리가 하나씩 생겨났고 아이들의 위패는 부모들에게 돌아갔다.

그동안 꾹꾹 슬픔을 눌러 왔던 부모들은 제 아이 이름이 적힌 위패를 받아 들고 주저앉아 절규했다. 그 어디에서도 들어 본 적 없는 고통스러운 소리였다. 짐승의 울부짖음과 닮은 숨통이 끊어질 것만 같은 절규. 자식을 먼저 보낸 부모들의 피 끓는 심정을 어찌 이해한다고 할 수 있을까. 하지만 그들의 절규는 그 모습을 기록해야 하는 내게도 고통이었다.

어떻게 그 장면을 촬영했을까 싶을 정도로 제정신이 아니었지만 어느새 추도식은 마무리되어 있었다. 추도식이 끝나자 유가족들은 각자 집으로 흩어졌다.

나는 그중 한 아버지를 따라가 그의 가족을 만났다. 희생된 아이는 막내딸이었고 그 위로 세 자녀가 있었는데 모두 함께 추도식에 참석했다. 오랜만에 모인 가족은 저녁에 무엇을 먹으러 갈지

고민하며 웃었고, 서로 장난을 치기도 했다. 지극히 평범한 가족의 저녁 풍경. 그런데 왠지 그 장면이 낯설게 느껴졌다. 4년간 봐온 세월호 유가족들은 울고 있거나 서럽게 가슴을 치고 있는 모습이었다. 그래서인지 즐겁게 웃고 있는 모습이 어색하게 느껴졌던 것이다.

그런 내 마음을 솔직하게 말했더니 아버지가 말했다. 막내 아이를 잃고 거의 모든 것을 놓았던 때가 있었다고. 시간은 훌쩍 지나가 버려서 그동안 세 자녀와 한 게 아무것도 없다는 걸 깨달았다고 한다. 그제서야 세 자녀에게 미안한 마음이 들어 지금부터라도 곁에 있는 아이들에게 부모로서 잘해야겠다는 마음이 들었다고 했다.

그 모습을 촬영하는데 걱정이 됐다. 이 가족의 밝은 모습이 누군가에게 공격의 빌미가 될까 봐 걱정되었던 것이다. 그런 걱정을 해야 한다는 자체가 씁쓸하게 느껴졌다. 세월호 유족 보상금만 해도 자식을 앞세워 보상금을 챙기는 것 아니냐는 말이 공공연하게 떠돌아다니던 때였기에 더욱 그랬다. 그런 말을 하는 사람들에게 유가족은 웃으면 안 되는 사람들이었고, 매일같이 비통에 잠긴 얼굴을 해야 했다.

왜 그래야 하는 걸까. 가족들이 같이 저녁 한 끼 먹으며 웃고 있어도 그들이 사랑하는 가족을 잃었다는 사실은 변함이 없다. 어쩌면 서로를 배려해서 밝게 보이려고 애쓰는 것이 때로는 그들을 더 지치게 만들었을 수 있다. 그런데 그들의 밝은 얼굴을 보고 이제는 안 슬픈 게 아니냐고 묻는 사람이 있다면 과연 누가 잘못된 것일까.

그런데 우리는 가끔씩 누군가에게 아무렇지 않은 표정으로 불행을 증명하라고 요구한다. 이를테면 불행한 일을 당한 사람에게 '너는 그런 일을 겪었는데도 밥이 들어가?', '웃는 거 보니까 실연의 아픔도 잊었나 봐', '그런 것도 보러 다니고, 이젠 살 만한가 보네'라는 말을 아무렇지 않게 내뱉는 것이다.

상대방이 걱정되면 '괜찮아?'라고 물으면 된다. 살아 보려 애쓰는 이에게 '불행하면 밥도 먹지 말고 24시간 괴로워해야지'라고 하면서 불행을 증명하라고 요구하는 사람이 있다면 그가 잘못된 것이다.

예전에 혼자 아들을 키우는 이혼 여성을 촬영했을 때가 떠오른다. 그녀는 기술도, 경력도 없는 상태에서 이혼을 해서 이제 막 미용 기술을 배우며 돈벌이가 될 만한 일을 찾아보려고 애쓰고 있었다. 그녀의 경제력으로는 한계가 있어서 동사무소에 전화를 걸어 지원을 받을 수 있는지 문의를 했다.

그런데 지원을 받기가 어렵다는 답변이 돌아왔다. 전남편이 어느 정도 경제력이 있고, 친정 부모님이 있다는 것이 그 이유였다. 그래서 여성은 전남편이 연락도 잘 안 되는 데다가 자신에게 그 어떤 도움도 줄 사람이 아니라는 걸 납득시키기 위해 그간 겪었던 일들을 하나하나 말해야 했다.

또 친정 부모님도 자신에게 도움을 줄 수 없는 상황임을 구구

절절하게 얘기해야 했다. 그 모습을 옆에서 지켜보는데 지원금 몇십만 원을 받기 위해 자신이 얼마나 불행한지를 증명해야 하는 이 상황이 씁쓸하게 느껴졌다.

켄 로치 감독의 영화 '나, 다니엘 블레이크'에서 한평생 목수 일을 하며 성실하게 살아온 50대 후반의 평범한 남성인 다니엘 블레이크도 마찬가지였다. 그는 심장에 문제가 생겨 더 이상 일을 할 수 없는 지경에 다다른다. 의사가 이대로 계속 일하면 목숨이 위험하다고 경고하자 한동안 일을 쉬기로 하고 생계유지를 위해 질병 수당을 신청한다. 하지만 고용 노동부에서 파견된 직원은 그의 질병과는 전혀 무관한 질문을 하며 이에 답하라고 요구한다. 답답해도 끝까지 심사에 응한 그에게 돌아온 답변은 '당신은 일을 할 수 없을 만큼 심각하지 않으니 질병 수당을 줄 수 없다'는 것이었다. 질병 수당을 받으려면 15점을 충족해야 하는데 그는 12점밖에 안 되었던 것이다.

그는 결국 질병 수당 심사에 항고하기로 하고 다음과 같은 입장문을 만든다.

나는 의뢰인도 고객도 사용자도 아닙니다.
나는 게으름뱅이도 사기꾼도 거지도 도둑도 아닙니다.
나는 보험 번호 숫자도 화면 속 점도 아닙니다.
난 묵묵히 책임을 다해 떳떳하게 살았습니다.
난 굽실대지 않았고 이웃이 어려우면 그들을 도왔습니다.

자선을 구걸하거나 기대지도 않았습니다.

나는 다니엘 블레이크, 개가 아니라 인간입니다.

이에 나는 내 권리를 요구합니다.

인간적 존중을 요구합니다.

나, 다니엘 블레이크는 한 사람의 시민 그 이상도 그 이하도 아닙니다.

엄마답게 살려고 애쓰지 않고
그저 나답게 산 것일 뿐

우리나라 1세대 여성학자인 박혜란 작가를 만났다. 그녀는 가수 이적을 포함해 세 아들을 모두 서울대에 보낸 어머니로 유명하다. 그래서 녹화를 진행하다 보니 자연스럽게 자식들을 모두 명문대에 보낸 비결에 대한 이야기가 나왔다.

메인 MC들이 "자녀 모두를 서울대에 보내다니 대단하세요"라고 하자 그녀는 자신이 한 일이 없다며 손사래를 쳤다. 그도 그럴 것이 자신이 자녀 교육 책을 쓰겠다고 하자 이제는 장성한 아들들이 "어머니가 언제 저희들을 키우셨습니까?"라고 따졌단다. 하지만 그녀는 당당하게 말했다.

"내가 언제 키웠다고 했냐, 믿었더니 자랐다고 했지."

실제로 그녀가 아이들에게 가장 많이 한 말도 "알아서 커라"였다. 그 말을 한 이유를 묻자 그녀는 이렇게 답했다.

"기자로 일하다가 육아 때문에 경력 단절 여성이 되었다. 막내가 초등학교 들어가고 나서 '이제 너희들을 다 키웠으니 이제 내가 좀 커야겠다'며 아이들에게 도움을 요청한 것이다."

여성학을 공부하게 된 건 '노는 사람'이 된 것에 대한 억울함 때문이었다. 마흔 살쯤 되었을 당시 그녀는 자신이 여성인 것에 자부심을 느끼지 못했다고 한다. "엄마 뭐 하냐?"라는 질문에 아이들은 "놀아요"라고 답했다. 가정주부를 10년 했는데 아무것도 안 하고 노는 사람이 되어 버린 것이다. 이에 '이렇게 열심히 살았는데 내가 왜 노는 사람이야?'라는 의문이 들어 여성학 공부를 시작하게 되었다고 했다.

하지만 마흔 살에 갑자기 공부를 하겠다고 선언했을 때 응원해 주는 사람은 없었다. 심지어 남편과 시어른들은 극심한 반대를 하고 나섰다. 그러다 보니 누구의 지원도 바랄 수가 없었다. 그녀는 주어진 시간을 힘들게 쪼개 가면서 집안일과 공부를 병행해야만 했다.

이적은 어린 시절 어머니의 하루하루가 자신이 보기에도 참 외로워 보였다고 했다. 혹시나 그런 어머니에 대해 섭섭함은 없었을까. 초등학교 때 비가 갑자기 오는 날이면 다른 친구들 어머니는 우산을 들고 교문 앞에 서 있었던 반면 자신의 어머니는 한 번도 안 왔지만 서운한 적은 없었다고 했다. 오히려 어차피 젖은 거 자신처럼 부모님이 안 와서 우산이 없는 아이들과 함께 물놀이를 하고 놀았다고. 그때 깨달은 건 한번 젖고 나면 더 나빠질 건 없더라는 것. 박혜란 작가에게 왜 우산을 들고 마중 나가지 않았냐고 묻자 그녀는 "아파트 안에 있는 학교라서 거리가 짧았다. 친구 우산을 같이 쓰자고 하면 되는데 그게 자존심이 상하고 싫으면 짧은 거리니까 집에 뛰어와서 샤워하면 되는 것"이라고 말했다. 아이가 붙임성이 좋다면 알아서 친구 우산을 빌려 쓸 테고, 그게 아니라면 조금 비를 맞는 것쯤은 그리 큰일이 아니라는 것이다.

자신의 인생은 스스로 꾸리는 것. 그래서 이적이 어릴 때 "엄마, 나 공부 잘하면 뭐 해 줄 거야?"라고 물었을 때 그녀는 "공부 잘하면 네가 좋은 거지, 내가 좋니?"라고 오히려 반문했고, 덕분에 그는 "엄마만 믿었다가는 안 되겠다는 생각이 들어 공부를 하게 되었다"고 한다.

어쩌면 아들들은 자신의 삶을 스스로 계획하고 살아간다는 것이 어떤 것인지, 그를 위해서 무엇을 포기하고 무엇을 책임져야 하는지를 어머니를 보며 배우지 않았을까. 그 배움이야말로 인생을 살아가는 데 있어 가장 중요한 자산이 되지 않았을까.

박혜란 작가는 말했다. 좋은 부모가 되려고 노력하기보다 자신이 행복하면 되는 거라고. 전업주부의 삶이 편하다면 그렇게, 일하는 게 좋다면 일을 하면서 행복한 모습을 보여 준다면 아이는 저절로 잘 자라게 될 것이라고. 그리고《나는 맘먹었다, 나답게 늙기로》라는 책에서 이렇게 고백했다.

"내 아이들을 키울 때도 그랬다. 세상이 말하는 좋은 엄마 노릇은 여러모로 내 능력을 뛰어넘는 것들이었을 뿐만 아니라 무엇보다도 내 취향에 맞지 않았다. 나는 결국 내가 생각하는 대로의 엄마 노릇을 하기로 했고 그것으로 충분히 행복했다. 아이들에겐 미안한 얘기지만 난 엄마답게 살려고 애쓰지 않고 그저 나답게 살았던 것뿐이었다. (…) 나는 맘먹었다, 아무리 나이를 먹어도 그냥 나답게 살기로. 그러자 나이 듦의 무게가 한결 줄어들었다. 사는 게 그럴 수 없이 가볍게 느껴졌다."

엄마답게 살려고 애쓰지 않고 그저 나답게 산다는 것, 한국 사회에서 그렇게 살기 위해서는 욕먹을 각오가 필요하다. 우리는 여전히 비가 왔을 때 엄마가 우산을 가져다주는 것을 당연시하고, 아이가 비를 맞고 오면 죄책감은 엄마의 몫이 되곤 한다. 하지만 그 사회가 엄마 노릇을 열심히 하고 있는 사람에게 '아무것도 하지 않고 노는 사람'이라고 말하는 사회라면 차라리 욕먹을 각오를 하는 게 맞지 않을까. 문득 근대 신여성을 대표하는 화가이자 작가인 나혜석의 말이 떠오른다.

"남편의 아내이기 전에, 내 자식의 어머니이기 전에, 첫째로 나는 사람인 것이오."

김영하 작가는 예전에 한 방송에 출연해서 그런 말을 한 적이 있다. 화려한 스펙에 창의성까지 요구하는 이 시대 청년들에게는 꿈을 꾸는 게 허용되지 않는다고, 만약 자신이 2%의 저성장을 기록하는 이 시대에 태어났다면, 실직한 아버지와 빚으로 남은 대학 등록금이 있었다면, 자신은 아마도 작가로 등단할 수 없었을 거라고. 그래서 청년들에게 해 주고 싶은 말이 있느냐는 질문에 이렇게 말했다.

"청년들에게는 어떤 말을 하기가 어려운 게 '과거는 외국이다. 거기서 사람들은 다르게 산다'는 말이 있다. 나의 청년 시절을 생각해 보면 지금과 달리 집집마다 차가 있지 않았고, 골목은 비어 있고, 돈은 거의 아버지 혼자 벌고, 자식들은 별걱정 없이 구슬치기하고, 대학 나오면 쉽게 취업이 됐다. 하지만 지금은 그때와 다르다."

그러므로 청년들에게 "나도 마찬가지고 우리 세대의 사람들이 이래라저래라 함부로 말하지 않았으면 좋겠다. 그리고 청년들도 그 말을 새겨듣지 않았으면 좋겠다"고 했다.

함부로 말하지 않았으면 좋겠다는 표현도 좋았지만 청년들이 그 말을 새겨듣지 않았으면 좋겠다는 말이 더 좋았다. 누군가 나에게 이래라저래라 떠들어도 한 귀로 흘리면 그만이라는 말이 왠지 모르게 통쾌하기까지 했다.

김영하 작가와의 인터뷰를 앞두고 자료를 찾다가 그의 책 《말하다》에서 다음과 같은 문장을 발견했다.

"사인회 같은 자리에서 젊은 독자들과 만나 그들의 이야기를 들어 보면, 편의점에서 아르바이트를 하거나 몇 년째 취업 준비를 하는 이들이 제 독자라는 걸 알게 돼요. 저는 그들이 자기의 존엄성을 위해서 싸우고 있다는 느낌을 받아요. 스펙 쌓기도 바쁘고, 그 와중에 돈도 벌어야 되고, 그런데 왜 소설 같은 걸 읽을까요? 크게 도움도 안 되잖아요. 그런데도 힘들게 일하고 집에 돌아와서 책을 보려고 노력하고, 제가 진행하는 팟캐스트를 듣기도 한단 말이죠. 그건 자기 안에 남아 있는 인간다움, 존엄을 지키기 위한 거라고 생각해요."

자기의 존엄성을 위해서 싸우고 있다는 말이 마음에 남아, 다음 날 김영하 작가에게 물었다. 혹시나 그들에게 해 주고 싶은 이야기가 있느냐고.

"취준생이나 불안정한 자리에 있는 분들이 특히 많이 물어보
는 게 인간관계를 어떻게 해야 할지 모르겠다는 거예요. 그런데
그분들은 '내가 인간관계를 잘못해서 자꾸 이런 일을 겪나?'라고
생각하고 자꾸 자기를 바꾸려고 하거든요. 하지만 '내가 뭘 잘못
하고 있나'라고 생각하는 사람들이 잘못하는 경우를 거의 못 봤어
요. 그래서 저는 '그게 인간관계를 잘못해서 그러는 게 아니다. 지
금 힘이 약해서 당하는 일이다' 그렇게 말해요."

혹시 그런 경험이 있느냐고 조심스럽게 묻자 그는 말했다.

"저도 20대 때는 사람들하고 많이 부딪히고 싸우고 그랬죠. 원
고료 같은 거 떼먹는 사람들하고 많이 싸웠거든요. 그런데 뭘 어
떻게 해도 안 되더라고요. 나중에 듣게 되죠. 그 사장님이 다른 사
람들한테는 안 그런다더라."

그러므로 어떤 일을 당해도 자책하지 말라고, 뭘 잘못해서 당
하는 게 아니라 힘이 약하고 만만해서 당하는 것일 뿐이라고 생각
하라고 했다.

살다 보면 가끔 무례한 사람들을 만난다. 그런데 우리는 그럴
때 보통 '내가 뭘 잘못했나' 자책을 한다. 하지만 김영하 작가의 말
처럼 힘이 약해서, 만만해서 당한 일이라고 생각하면 그것은 내
잘못이 아니게 된다. 무례한 사람에게 문제가 있는 것이기 때문이
다. 무례한 사람들은 지위와 권력에 약하고, 그것이 없는 이를 함
부로 대한다. 그러니 일일이 상처를 받을 필요가 없다. 설령 상대

방이 나에게 아무리 상처를 주고 싶어 하더라도 내가 상처를 받지 않으면 그만이다. 다만 힘이 약해서, 만만해서 당하는 일을 줄이려면 결국 힘을 키우는 수밖에 없다.

김영하 작가는 《보다》라는 책에서 이런 말을 남겼다.

"더 오랜 시간 스마트폰에 무심할수록 더 힘이 강한 사람, 더 지위가 높은 사람이라는 것을 이제는 모두가 알아 가고 있는 것이다. 이렇게 부자들이 스마트폰으로부터 멀어지는 사이, 지위가 낮은 이들의 스마트폰 의존도는 더 높아지고 있다. 부자나 권력자와 달리 사회적 약자는 '중요한 전화'를 받지 않았을 때의 타격이 더욱 크기 때문이다. 애타게 구직을 하는, 어제 면접을 본 회사로부터의 연락을 기다리는 젊은이가 스마트폰을 끄고 친구와의 대화에만 온전히 집중하기는 어렵다. 그건 사치다. (…) 직급이 낮은 직원이라든가 거래처와의 관계에서 을의 처지에 있는 이들 역시 스마트폰의 전원을 함부로 끄지 못한다."

그의 말에 따르자면 나는 아직 스마트폰의 전원을 함부로 끄지 못하는 사람이다. 하지만 앞으로는 함부로 자책하는 일만큼은 하지 않을 것이다.

"돌아오지 마"라는
마지막 인사에 담긴 의미

　유기견 보호 센터. 들어가자마자 수많은 강아지들이 여기저기서 짖어 댔다. "여기는 우리 집인데 넌 뭔데" 하고 갓 들어온 신참에게 기 싸움을 거는 것처럼 강아지들이 한꺼번에 짖어 대니 통 정신을 차릴 수가 없었다. 그런데 얼마 지나지 않아 그 소리는 강아지들이 건강하다는 신호라는 것을 알게 되었다. 그렇게 기세등등한 강아지들을 지나쳐 센터 구석으로 가니 작게 앓는 듯한 소리를 내는 강아지들이 있었다. 나를 보고 겁을 먹었는지 덜덜 떨기까지 했다.

　그중 한 강아지가 유독 눈에 들어왔다. 보호 센터에 들어온 지 3개월 정도 됐는데 주인인 할아버지한테 매일 학대를 당했고, 저러다 큰일 나겠다 싶었던 동네 주민의 신고로 이곳에 오게 되었단다. 그것도 할아버지가 강아지를 주지 않겠다고 버티는 통에 4만 원을 주고서야 데려올 수 있었다고 한다.

대형견들이 있는 방에 들어가자 꼬리를 한껏 몸 안쪽으로 숨긴 채 한쪽 벽에 붙어서 잔뜩 경계하는 눈빛으로 나를 바라보는 회색 털을 가진 개가 보였다. 그 개는 식용견을 키우는 농장에서 구조 되었다는데 농장에 같이 있었던 개들이 맞고 불에 태워지고 죽어 가는 것을 계속 봐서인지 사람이 다가가기만 해도 경기를 일으켰 다. 보호 센터에 온 지 꽤 되었다고 하는데 아직도 그 상처가 너무 커 보였다. 나를 안내해 준 직원도 마음의 상처가 큰 개는 챙겨 주 고 싶어도 조심스러울 수밖에 없다고 했다.

보호 센터 직원들이 가장 밝아질 때는 유기견들이 새 가족을 만나는 순간이다. 내가 촬영을 했던 3일 동안에도 그런 순간을 함 께할 수 있었다. 얼마 전 반려견을 무지개다리 너머로 보낸 한 가 족이 새 반려견을 만나러 센터에 온 것이다. 새 가족을 만나게 된 유기견의 이름은 아름이. 가족들은 바로 자기 식구라고 느낀 듯 활짝 웃으며 아름이를 안았다. 하지만 아름이는 아직 그 품이 낯 설었는지 불안해 보였다. 그러자 가족들은 아름이를 배려하며 다 시 직원의 품으로 돌려보냈다.

"천천히 가까워지자, 아름아!"

그 말이 참 다정하게 들렸다. 그들은 아름이를 위해 벌써 옷도 사고 간식도 잔뜩 준비해 놨다면서 휴대폰으로 찍은 사진들을 직 원에게 보여 주었다. 직원은 새 가족이 아름이를 위해 준비한 선물들을 살펴보며 안심이 되었는지 슬며시 미소를 지었다. 잠시 후 직원은 마지막으로 아름이를 꼭 안으며 말했다.

"돌아오지 마, 아름아!"

그의 표정은 참 복잡하고 미묘해 보였다. 당연히 마지막 인사로 '안녕'이라는 말을 할 줄 알았는데 '돌아오지 마'라니. 왜 그랬을까 싶었지만 의문은 곧 풀렸다. 센터로 전화 한 통이 걸려왔다. 딸이 원해서 강아지를 입양했는데 딸이 지방으로 전근을 가게 되어 다시 돌려보내겠다는 내용이었다. 직원은 이런 전화를 받을 때마다 힘이 빠진다고, 입양을 보낸 유기견이 다시 돌아오는 게 가장 마음이 아프다고 했다. 파양되어 돌아온 강아지 중에는 며칠 동안 꼼짝도 않고 자기를 버린 가족을 기다리는 강아지도 있다고 했다.

센터는 아름이를 떠나보내자마자 파양되어 돌아오는 강아지를 맞이하기 위해 바빠졌다. 몇 시간 후 하얀색 푸들이 센터로 돌아왔다. 파양견은 방에 있는 보관 케이지로 보내졌다. 나는 바들바들 떨며 아는 사람을 찾는 듯한 파양견이 안쓰러워 유리문 앞을 떠나지 못했다.

6시가 되자 센터 직원들이 퇴근을 하고 모든 조명이 꺼졌다. 그러자 파양견은 울부짖으며 문을 발톱으로 긁어 댔다. 어둠 속에 들리는 그 소리에서 파양견의 감정이 고스란히 전해지는 것 같았다. 다시 빼앗길 따스함이라면 차라리 주어지지 않는 게 좋은 걸까. 몇 시간 전까지만 해도 가족들과 있다가 영문도 모른 채 센터

로 돌아온 파양견은 지금 어떤 감정일까. 그날따라 밤은 길었고 파양견의 울음소리는 한참 동안 계속되었다. 나는 그 소리를 들으며 생각했다.

'돌아오지 마, 아름아. 제발!'

반려견 훈련사 강형욱은《당신은 개를 키우면 안 된다》에서 이렇게 말했다.

"외롭다고 강아지를 입양하면 안 됩니다. 예뻐할 대상이 필요해서 강아지를 입양하면 안 됩니다. 과시욕이나 소유욕으로 강아지를 입양해서도 안 됩니다. 얼마나 비싼 사료를 주고 얼마나 많은 돈을 들여 강아지 외모를 꾸미는지는 그들에게 중요한 일이 아닙니다. 강아지에게 주인이 아닌 친구가 될 수 있습니까? 가족이 될 수 있습니까? 강아지들이 바라는 것은 바로 이런 것입니다."

세상에서 가장 아껴야 할 사람은
바로 나 자신이다

작년 여름 걸그룹 소녀시대를 인터뷰했을 때의 일이다. 태연에게 2003년 처음으로 연습생 숙소에 갔던 날을 기억하느냐고 물었다. 오래전 일인데도 그날이 생생히 기억난다고 했다. 전주에서 혼자 올라와 서울 고속터미널에 도착했을 때 느꼈던 막막함, 자신의 몸만 한 무거운 캐리어를 끌고 낑낑대며 지하철 계단을 오르락내리락할 때 느꼈던 두려움과 설렘, 낯설기만 했던 서울의 풍경들. 상황에 적응하고 살아남기 위해서 본의 아니게 철이 빨리 들 수밖에 없었다고 한다. 눈칫밥을 먹을 수밖에 없었던 것이다. 나는 그녀에게 물었다.

"언제부터 있는 그대로의 자신을 사랑하게 되었나요?"

그랬더니 뜻밖의 답이 돌아왔다. 사실 며칠 전 펑펑 목놓아 울었다고 했다. 15년 동안 소녀시대의 리더로 숨 가쁘게 살아오며 누군가에게 또는 어떤 프로젝트에 상처받고 희생하면서도 온통 그것에만 시간을 쏟고 있는 자신을 발견했기 때문이다.

"내가 정말 너무 애쓰고 있고 힘들어한다는 걸 깨달았어요. 그 걸 알게 된 순간 펑펑 울었어요. 스스로가 불쌍하고 나에게 너무 미안해서. 그동안 고음 파트에서 삐끗한다든가 실수를 할 때마다 세상이 무너지는 것 같았거든요. 근데 지금까지도 노래를 하고 있 잖아요. 그래서 이제는 스스로에게 말해요. 별일 아니다, 태연아. 괜찮아. 앞으로 노래할 날도 많고 살아갈 날도 많으니. 다음 무대 때 또 기회가 있어."

15년 동안 스타로 살아오며 타인의 기대에 맞춰 사느라 정작 자기 자신은 돌볼 틈이 없었다는 그녀. 목놓아 울고 나서는 좀 편 해졌을까. 그렇게 여러 시기를 거치며 자신을 무엇보다 소중히 여 겨야 한다는 걸 마침내 깨달은 사람의 안도감이 나에게까지 전해 져 왔다.

다음 인터뷰는 바르고 착한 인성으로 유명한 서현이었다. 나는 그녀에게 '참 그때 잘 버텼다'라고 해 주고 싶은 시기가 있느냐고 물었다. 그러자 그녀는 "할머니가 돌아가셨을 때 무척 힘들었다" 고 했다. 어렸을 때부터 같이 살았고 엄마처럼 따르던 할머니였는 데 태티서 데뷔 무대가 있던 날 새벽에 돌아가셨다는 소식을 듣게 되었다. 너무 슬펐지만 자신 때문에 무대를 망칠 수는 없다고 생 각했다. 웃는 얼굴로 최선을 다해 노래를 부르고 춤을 추는 게 옳다고 여겼고, 그렇게 했다. 슬픔을 꾹꾹 누르고 아무 일도 없었던 것처럼 말이다.

"인간 서주현(서현의 본명)을 들여다볼 생각을 하지 않았어요. '넌 일단 이거 해야 돼', '눈앞에 있는 일을 멋지게 해내야 해'라는 생각으로 살았죠. 이제 와서 돌이켜 보면 그때 조금 더 내 마음에 귀 기울일걸 하는 생각이 들어요."

그러면서 자기 자신에게 너무 가혹했던 것 같다고, 조금은 스스로에게 관대해져도 괜찮다는 말을 해 주고 싶다고 했다. 그녀를 보는데 문득 몇 년 전 취재차 운전면허 시험장을 찾았다가 만난 백발의 할아버지가 떠올랐다. 할아버지는 사진실에서 운전면허 갱신에 필요한 사진을 찍고 있었다. 잠시 후 새 운전면허증을 받아든 할아버지는 웃으며 말했다.

"세상에 더 살라고 허락해 주는 면허증은 없잖아. 근데 이상하게 이 운전면허증을 보면 더 살라고 면허 갱신을 해 준다는 생각이 들어. 아, 내가 더 살아도 되겠구나 싶은 거지. 이게 단순히 운전을 해도 된다는 면허증이 아니라니까."

만약 할아버지의 말처럼 내가 잘 살고 있는지, 더 살아도 되는지 인생 면허를 받는 제도가 있다면 우리는 스스로에게 관대해질 수 있을까. 사람들에게 인정받고 싶고, 참 잘했다는 칭찬도 받고 싶은데 그러기엔 나 자신이 너무 부족한 것 같고, 그럼 더 열심히 해야겠다며 스스로를 몰아세우던 날들. 소녀시대를 인터뷰하면서 그녀들이 하는 말에 공감할 수밖에 없었던 것은 나 또한 스스로에게 관대하지 못했기 때문이 아닐까.

몇 년 전부터 미술 수업을 받고 있다. 첫 수업에서 오랜만에 흰 도화지를 받아들자 나는 어떤 색으로 뭘 그리면 좋을지, 어떻게 해야 좋은 결과물을 낼 수 있을지부터 머릿속으로 계산하고 있었다. 그동안 내가 얼마나 평가받는 삶에 익숙해졌는지를 깨달은 순간이었다. 한동안 멍하니 아무것도 못 그리고 있자 선생님이 다가와 말했다. 실수해도 괜찮다고, 실수하면 다른 색으로 덮어도 된다고, 그래도 영 아니다 싶으면 다시 그려도 된다고.

그러자 꽉 조인 단추를 풀어 버린 것처럼 마음이 편안해졌다. 그리고 흰 종이는 더 이상 실수할 가능성이 아니라 어떤 색이든 다 칠해 볼 수 있는 자유로 다가왔다. 별일 아니다. 그러니 마음껏 그려 보자. 틀리면 다시 그리지 뭐. 이 느낌을 기억한다면 나 자신을 혹사시키기 전에 멈출 수 있지 않을까. 그러다 보면 언젠가 나를 있는 그대로 인정하는 방법도 알게 되지 않을까.

chapter 7

나도 이렇게
나이 들 수만 있다면

첫 번째 후회, 사랑하는 사람에게 고맙다는 말을 많이 했더라면

두 번째 후회, 진짜 하고 싶은 일을 했더라면

세 번째 후회, 조금만 더 겸손했더라면

네 번째 후회, 친절을 베풀었더라면

다섯 번째 후회, 나쁜 짓을 하지 않았더라면

여섯 번째 후회, 꿈을 꾸고 그 꿈을 이루려고 노력했더라면

일곱 번째 후회, 감정에 휘둘리지 않았더라면

여덟 번째 후회, 만나고 싶은 사람을 만났더라면

아홉 번째 후회, 기억에 남는 연애를 했더라면

열 번째 후회, 죽도록 일만 하지 않았더라면

열한 번째 후회, 가고 싶은 곳으로 여행을 떠났더라면

열두 번째 후회, 내가 살아온 증거를 남겨 두었더라면

열세 번째 후회, 삶과 죽음의 의미를 진지하게 생각했더라면

열네 번째 후회, 고향을 찾아가 보았더라면

열다섯 번째 후회, 맛있는 음식을 많이 맛보았더라면

열여섯 번째 후회, 결혼을 했더라면

열일곱 번째 후회, 자식이 있었더라면

열여덟 번째 후회, 자식을 혼인시켰더라면

열아홉 번째 후회, 유산을 미리 염두에 두었더라면

스무 번째 후회, 내 장례식을 생각했더라면

스물한 번째 후회, 건강을 소중하게 여겼더라면

스물두 번째 후회, 좀 더 일찍 담배를 끊었더라면

스물세 번째 후회, 건강할 때 마지막 의사를 밝혔더라면

스물네 번째 후회, 치료의 의미를 진지하게 생각했더라면

스물다섯 번째 후회, 신의 가르침을 알았더라면

스물다섯 가지의 후회. 이는 《죽을 때 후회하는 스물다섯 가지》라는 책에서 호스피스 전문의 오츠 슈이치가 자신이 만난 말기 암 환자 1,000명이 가장 후회된다고 공통적으로 꼽은 것들을 정리한 리스트이다. 삶의 마지막 순간 나는 과연 어떤 후회를 하게 될까? 나로선 그 마음을 도통 짐작하기 어렵다.

그래서인지 호스피스 병동을 취재할 때는 유독 모든 것이 조심스러웠다. 죽음을 목전에 둔 이들에게 혹여 결례를 범하지는 않을

지 우려가 됐기 때문이다.

호스피스 1층엔 병실들이 있고 2층으로 올라가면 통창을 통해 나무들이 보이는 작은 복도가 있었다. 촬영에 지쳤던 나는 잠깐 쉬고 싶은 마음에 계단을 올라갔다. 계단 끝에 다다르자 휠체어에 앉아 창밖을 바라보고 있는 한 환자가 보였다. 치료 때문에 삭발을 해서 뒷모습만 봐서는 남자인지 여자인지 알기 어려웠다.

가까이 가 보니 30대 초반의 여자였다. 몸은 앙상하게 말라 있었다. 그녀는 누가 왔나 고개를 돌려 볼 힘도 없는지 계속 창밖의 풍경만 바라보았다. 방해하면 안 될 것 같아 옆 소파에 조용히 앉았다. 혹 불편해하는 것 같으면 얼른 일어나야지 하는 마음으로…. 그런데 얼마 지나지 않아 그녀가 중얼거리듯 말했다.

"아침에 일어나서 물 한 잔 마시는 거에 감사해 보셨어요? 그거 정말 감사한 거예요. 내가 지금 그 물 한 잔을 못 넘기거든요. 내가 이렇게 될 줄은 상상도 못 했어요. 내 소원이 죽기 전에 물 한 잔만 시원하게 먹고 가는 거예요. 입이 마르니까 다른 건 먹고 싶지도 않고, 그냥 빗물이라도 받아 먹고 싶다는 생각이 들 때가 있어요."

그녀는 여전히 고개를 내 쪽으로 돌리지 않았다. 듣는 이가 누군지는 전혀 중요하지 않다는 듯 세상에 혹은 과거의 자신에게 하는 말인 것처럼 다시 중얼거렸다.

"딱 한 가지 후회가 되는 게 있다면 좀 더 감사하면서 살걸, 즐기면서 살걸, 작은 일에도 기뻐하며 살걸 하는 거죠. 없으면 없는

273

대로, 있으면 나누면서 그렇게 살아야 했는데…."

그녀는 다시 한번 생이 허락된다면 그냥 남들처럼 나이 들어서 할머니가 되고 싶다고 했다. 이런저런 세월의 풍파를 겪고, 노안이 오고, 자글자글한 주름살이 생긴 할머니. 위암 말기라 어떤 걸 삼켜도 구역질이 나와 물 한 모금 제대로 넘기기가 힘든 그녀는 살날이 얼마 남지 않은 상태였다. 그녀는 남들처럼 늙어 갈 기회를 박탈당해 늙는다는 것 자체가 축복처럼 여겨졌던 것이다.

기운 없는 목소리로 물을 마시고 싶다고 말했을 뿐이지만 그 안에 숨어 있는 간절함과 절박함이 고스란히 전해졌다. 나는 아무 말도 할 수 없었다. 늙어 가는 것을 단 한 번도 축복이라고 생각해 본 적 없는, 심지어 늙는 게 두려운 나는 감히 상상조차 할 수 없는 얘기였다.

물 한 모금 넘기는 것조차 쉽지 않은 고통이 어느 정도인지 나는 아직도 모른다. 하지만 나와 비슷한 또래의 여자가 앙상한 얼굴로 간절히 말하는 소원을 들은 후 더 이상 물맛도 세상도 그 전과 같지 않았다. 그러나 그것도 잠시였다.

나는 다시 내게 주어진 것들보다 가지지 못한 것들에 눈을 돌리며 어떻게 하면 하나라도 더 채울 수 있을까 아쉬워하고 있다. 나는 왜 누리는 많은 것들 중 하나라도 잃게 되어야 그 소중함을 깨닫게 될까. 철학자 김진영은 세상을 떠나기 전 병상에서 집필한 애도 일기《아침의 피아노》에서 이렇게 말했다.

"오늘은 주영이 화실 가는 날. 외출을 망설이는 등을 떠민다.

내 재촉을 못 이겨 거울 앞에 앉은 모습을 바라본다. 작고 동그란 몸. 늘 웃음을 담고 있다가 아무 때나 홍소를 터트려서 무거운 세상을 해맑게 깨트리는 웃음 항아리 같은 몸. 나는 이 잘 웃는 여자를 떠날 수 있을까."

소중하지만 늘 곁에 있어서 당연하다고 생각했던 것들을 당연하게 여기지 않는 연습, 어쩌면 지금 나에게 필요한 것은 그게 아닐까.

나도 '고맙다'는 말을 할 수 있기를

　연탄 배달을 가는 어느 노부부의 트럭을 타 본 적이 있다. 남편은 3년 전부터 투석을 받고 있다. 하루를 쉬면 그다음 날 병원을 갈 수 없다. 지금 배달하는 연탄이 내일의 병원비이기 때문이다. 연탄을 가득 실은 낡은 트럭은 눈길을 헤쳐나가는 게 버거운지 자꾸만 삐거덕댔다. 조수석에 앉은 아내는 혹시나 사고가 날까 아무 말 없이 꼭 쥔 주먹을 펴지 못했다.

　그런데 남편이 문득 내게 말했다. 아침에 나와 밤에 무사히 들어가는 하루하루가 감사하다고. 다행히 트럭을 몰 수 있을 만큼만 눈이 내려서, 연탄 배달을 할 수 있어서, 그 돈으로 투석을 받을 수 있어서, 아내와 이렇게 무사히 하루를 마칠 수 있어서, 내일 또 그런 하루를 살 수 있어서 고맙다는 것이다.

아파도 당장 굶어 죽지 않으려면 연탄을 배달해야 하는 게 너무 힘들다고 말할 줄 알았다. 하루라도 좀 쉬고 싶은데 쉬지 못해 고통스럽다고 말할 줄 알았다. 열심히 살아도 끝내 벗어나지 못하는 가난의 굴레를 원망할 줄 알았다.

하지만 남편은 감사하다고 말했고 아내는 그 말에 동의한다는 듯 슬며시 웃었다. 문득 2015년 우리 곁을 떠난 신경의학자이자 작가인 올리버 색스가 죽음을 눈앞에 두고 집필한 《고맙습니다》의 한 구절이 떠올랐다.

"두렵지 않은 척하지는 않겠다. 하지만 내가 무엇보다 강하게 느끼는 감정은 고마움이다. 나는 사랑했고, 사랑받았다. 남들에게 많은 것을 받았고, 나도 조금쯤은 돌려주었다. 나는 읽고, 여행하고, 생각하고, 썼다. 세상과의 교제를 즐겼다. 특히 작가들과 독자들과의 특별한 교제를 즐겼다. 무엇보다 나는 이 아름다운 행성에서 지각 있는 존재이자 생각하는 동물로 살았다. 그것은 그 자체만으로도 엄청난 특권이자 모험이었다."

그는 어떤 편견이나 경계가 없이 열려 있는 사람이었다. 평생 동성애자라는 이유로 수많은 지탄과 비난을 받아야 했고, 어머니로부터는 "혐오스러운 것, 너는 태어나지 말아야 했어"라는 말까지 들었지만 그는 그 누구도 원망하지 않았다. 오히려 자신의 결함과 결핍을 있는 그대로 받아들이려 애썼고, 환자 또한 한 명 한 명을 있는 그대로 보기 위해 애썼다. 정신적으로 아픔을 겪는 이들을 단지 환자로 대하는 것이 아니라, 심장을 가진 인간으로서 애정 어린 마음으로 대했으며 언제나 따뜻한 시선을 보냈다.

동성애자라는 이유로 수많은 비난에 직면했을 때 그가 괴롭지 않았을 리 없다. 실제로 어머니로부터 받은 상처로 인해 아주 오 랫동안 죄책감에 시달렸다는 고백을 한 적도 있다. 하지만 그는 자신이 이 세상에 존재하는 이유가 있을 것이라 생각했고, 마음의 병을 앓는 환자들도 마찬가지일 거라고 생각했다. 그래서 그는 그 어떤 사람이라도 편견 없이 보려 애썼다.

"내게는 흥미롭지 않은 환자, 가치 없는 환자가 없습니다. 그들 은 도처에, 생생하고 또렷이 존재합니다. 뭔가 새로운 것을 가르쳐 주지 않는 환자, 나도 모르던 내 감정을 일깨우고 새로운 흐름의 사고를 불러일으키지 않는 환자는 지금껏 만나 보지 못했습니다."

나였다면 어땠을까. 사랑하는 가족에게 태어나지 말아야 했다 는 말을 듣고, 그 어떤 노력을 해도 나를 배척하려 드는 세상에서 사람들과 세상을 원망하지 않을 수 있었을까. 어떻게 하면 자신에 게 평생 고통을 준 사람들과 세상에 고맙다는 말을 할 수 있을까.

한번 생각해 보았다. 올리버 색스처럼 생의 마지막 순간을 맞 이할 때 나는 무엇을 떠올리게 될지, 지구라는 행성에서 살아오며 내가 누려 왔던 것들과 여러 사람들의 얼굴이 스쳐 갔다. 미움과 갈등도 있었지만 그런 경험들을 통해 나를 나답게 살게 해 준 사 람들. 나는 과연 그 순간마다 충분히 '감사함'을 말하고 느꼈을까. 그렇지 못했다.

그래서 아침에 나와 밤에 무사히 들어가는 하루하루가 감사하다는 노부부의 말이, 세상을 향한 '고맙다'는 색스의 마지막 인사가 귀하게 여겨진다.

그리고 이제야 알겠다. 저들의 '고맙다'라는 말에 얼마나 깊은 삶의 통찰이 숨어 있는지. 때로 '고맙다'는 말은 삶이 나를 종종 배반할 수 있음을 이해하고 받아들인 사람만이 할 수 있는, 상처 없고 고통 없는 인생이 없다는 사실을 알고 있지만 버텨 내다 보면 좋은 날이 꼭 올 거라고 믿는 사람만이 할 수 있는 포용의 말이 아닐까. 나는 언제쯤 삶이 내 편이 아닌 것 같은 순간까지 긍정하며 '고맙다'고 말할 수 있을까.

용호도 할머니들에게
배운 행복의 비밀

통영에서 배를 타고 14km를 더 가야 만날 수 있는 작은 섬 용호도. 촬영 당시인 2012년도에 이미 열 집 중 두 집은 빈집이었고, 섬 주민 평균 연령이 70세가 넘는 황혼의 섬이었다. 사람이 적은 탓에 섬은 가게 하나 없이 단출했다. 그래서인지 촬영을 앞두고 마음이 심란했다. 보이는 것이라고는 띄엄띄엄 있는 집과 할머니, 할아버지들뿐인 작은 섬에서 4박 5일을 어찌 보내야 할지 막막했기 때문이다. 그래서 섬에 도착하기도 전에 얼른 시간이 흘러 육지로 향하는 배에 있기를 바랐다. 한편으론 어르신들은 이 적적한 곳에서 어찌 지낼까 짠한 마음이 들기도 했다.

그런데 그 생각은 마을 초입에 들어서자마자 와르르 무너졌다. 골목을 지나가는데 사람들이 둘러앉아서 배를 잡고 까르르 웃느라 정신이 없었다. 뭐가 그리 웃긴지 봤더니 한 명이 마늘을 까다가 장난삼아 코에 넣었는데 그 모습이 너무 재미있다고 웃고 있는 거였다. 처음에는 당황스러웠지만 마늘이 한 할아버지 코에 쏙 들어가는 걸 보고 있으려니 나도 모르게 웃음이 터졌다. 그러자 그들은 나에게 알이 큰 마늘 하나를 집어서는 코에 들어가나 한번 넣어 보라고 권하며 한참을 웃었다. 그리고 내가 웃는 모습을 보자 신이 났는지 나중에는 다들 마늘을 하나씩 코에 낀 채 노래를 불렀다. 그게 내가 만난 용호도의 첫인상이었다.

잠시 후 어느 집을 지나가는데 마을 사람들이 모여서 뭔가에 집중하고 있었다. 궁금해 들어가 봤더니 한 할머니가 앞에 앉아 있는 할아버지의 눈썹을 숯으로 그리고 있었다. 어제 할아버지가 호스 연결 작업을 하던 중 라이터를 켜다가 실수로 눈썹을 홀랑 다 태워 버렸단다. 눈썹이 없는 모습이 우스워서 다 같이 모여 숯으로 눈썹을 만들어 주고 있는 것이었다. 그런데 생각만큼 잘 그려지지 않자 할머니는 더 힘을 주어 숯을 문질렀고 할아버지는 안 되겠다 싶었는지 나에게 말했다.

"아가씨! 머리카락 좀 잘라 줘 봐. 내 눈썹에 좀 붙이게!"

그 말에 그들은 또 빵 터져서 배를 잡고 웃었다. 그중 한 할머니는 나에게 서울서 온 아가씨가 고생이 많다며 뻥튀기를 갖고 나와 먹어 보라고 권했다. 뻥튀기를 먹으며 그들을 보는데 정말 아무 걱정이 없어 보였다.

하지만 막상 인터뷰에 들어가자 걱정이 없는 게 아니었다. 특히나 사라, 셀마, 매미 등 거대한 태풍이 올 때마다 참 욕봤다면서 고개를 절레절레 저었다. 큰 태풍이 오면 배가 있는 사람들은 섬 밖으로 피난을 나가고, 가난한 탓에 배가 없는 사람들은 집안 문을 꽁꽁 걸어 잠그고는 파도와 바람이 제발 조용히 지나가기를 바라며 마냥 울었다고 한다. 한 할머니는 몹쓸 파도 때문에 배에 타고 있던 남편이 하늘나라에 먼저 가 버렸다며 바다가 잔잔해 보여도 저만큼 무서운 게 없다고 했다.

아, 그런 고생들을 다 겪어 내면서도 이 섬을 지키고 있었구나. 눈뜨면 보이는 게 바다뿐인 마을에서 파도를 볼 때마다 얼마나 많은 기억들을 떠올릴까, 생각이 깊어지는 찰나였다. 마을 사람들의 눈이 한곳에 집중되는 게 보였다. 옆에서 조연출을 맡은 동료가 촬영을 지원해 주고 있었는데 그의 찢어진 청바지에 꽂힌 것이었다. 섬마을의 애환을 털어놓던 그들의 표정은 순식간에 확 바뀌었다.

시작은 한 할머니의 말에서 비롯됐다. 할머니는 섬이라 햇볕이 강한데 찢어진 청바지 사이로 무릎이 탈까 걱정된다고 했다. 그러자 옆에 있던 다른 할머니가 얼른 집안으로 들어가더니 바늘과 실을 가지고 나왔다. 두 사람의 쿵짝이 그렇게 잘 맞을 수가 없었다. 이미 자신의 운명을 예감한 듯 조연출은 순순히 무릎을 내어 주었고 어제 눈썹을 태워 먹은 할아버지가 대표로 바늘을 잡고는 찢어진 청바지를 야무지게 꿰맸다. 할아버지가 청바지를 다 꿰매자 보고 있던 사람들이 이제 더 이상 무릎 탈 걱정은 안 해도 된다며 박수를 쳤다. 그렇게 별일이 아닌데도 다 같이 즐거워하는 그들을 보고 있자니 나까지 덩달아 행복해졌다. 몇 시간 만에 용호도 해피 바이러스에 나까지 전염된 듯한 느낌이었다.

잠시 뒤 집을 나와 항구 쪽으로 걸어가는데 할머니 셋이 나란히 앉아 뭔가를 보고 있었다. 이번엔 또 무슨 일일까 싶어 가까이 가 보니 항에 정박한 큰 화물선에서 선원들이 정비하는 모습을 구경하는 중이었다. 할머니들은 한참 동안 배에서 누가 움직이는지, 누가 또 뭘 수리하는지 꼼꼼히 챙겨 봤다. 하지만 나는 도저히 재미있는 포인트가 뭔지 알 수가 없어서 물었다.

"뭐가 그렇게 재미있으신 거예요? 계속 저 배를 지켜보고 계시는 것 같은데…."

그러자 한 할머니가 말했다. 작은 여객선만 보다가 가끔 저렇게 큰 화물선이 들어오면 그렇게 신이 난단다. 섬에는 하루에 두 번 여객선이 오는데 그 시간에 맞춰 나와 배에서 누가 내리는지, 무엇을 들고 오는지 구경하고 사람을 내려 주고 배가 떠나는 모습도 끝까지 지켜본다고 했다. 매일 봐도 하나도 질리지 않고 마냥 재미있단다. 그렇게 늘 오는 여객선을 보는 것도 즐거운데 가끔 저렇게 큰 배가 들어오면 얼마나 재미있겠냐고도 했다. 그러고는 다시 화물선으로 눈을 돌려 마치 큰 쇼를 보는 것처럼 즐겁게 관람했다. 그때 알았다. 아, 할머니들에게는 항구가 극장이고 배들이 영화구나. 저런 화물선은 보기 드문 블록버스터였구나.

처음에는 며칠을 어떻게 보내나 막막했던 섬, 그런데 어느새 섬사람들을 따라 4박 5일 동안 참 많이 웃었던 섬. 나는 그 섬에서 웃고 사는 게 그리 어려운 일이 아님을 배웠다. 별일 없어도, 매일 사소하고 작은 일에도 웃을 줄 아는 용호도 할머니, 할아버지들은 분명 오늘도 서로 소소한 장난을 치며 웃고 있을 것이다. 까르르, 호호호, 하하하, 그들의 정겨운 웃음소리를 생각하면 까칠했던 마음이 둥글어진다. '웃을 일이 왜 없어? 아가씨도 마늘 한번 코에 넣어 볼래?'

"이 몸뚱어리 하나를 처리하기 위해 소중한 나무들을 베지 말라. 내가 죽으면 강원도 오두막 앞에 내가 늘 좌선하던 커다란 넙적바위가 있으니 남아 있는 땔감 가져다가 그 위에 얹어 놓고 화장해 달라. 수의는 절대 만들지 말고 내가 입던 옷을 입혀서 태워 달라. 그리고 타고 남은 재는 봄마다 나에게 아름다운 꽃공양을 바치던 오두막 뜰의 철쭉나무 아래 뿌려 달라. 그것이 내가 꽃에게 보답하는 길이다. 어떤 거창한 의식도 하지 말고 세상에 떠들썩하게 알리지 말라."

류시화 시인이 홈페이지를 통해 전한 법정 스님의 유언이다. 그에 따르면 법정 스님은 절대로 다비식 죽은 이의 시신을 불에 태워 그 유골을 거두는 불교의 장례 의식도 하지 말라고 했단다. 하지만 스님이 병석에 누워 있을 때 많은 사람들이 스님을 설득했고 그래서 스님이 출가한 전남 순천의 송광사에서 불교 예법에 따라 다비식을 치르기로 했다.

그리고 그로부터 8년 뒤 공개된 바에 따르면 스님은 임종게臨終偈·고승들이 입적할 때 수행을 통해 얻은 깨달음을 후인들에게 전하는 마지막 말이나 글를 남겨 달라는 제자의 말에 이렇게 답했다고 한다.

"분별하지 말라. 내가 살아온 것이 그것이니라. 간다, 봐라!"

2010년 3월 13일 오전, 송광사에서는 스님의 말처럼 마지막 모습을 지켜보려는 수많은 사람들이 모인 가운데 소박하고 조촐한 다비식이 거행되었다. 대나무 평상 위에 가사僧侶의法·한 장 덮인 모습으로 스님의 운구가 도착했고 곧이어 "법정 대종사, 불 들어갑니다"라는 말과 함께 스님들이 쌓여 있던 나무 더미에 불을 붙였다. 그 모습을 지켜보던 사람들은 "아이고, 스님" 하며 눈물을 보였고 "스님, 불 들어가요", "스님 얼른 나오세요"라고 외치기도 했다.

불길은 점점 더 거세게 타올랐고 스님의 육신은 연기와 재로 변해 하늘로 사라지거나 사람들의 어깨 위로 가만히 내려앉았다. 추모사나 조사도 없이, 형형색색 만장이나 꽃상여도 없이 그렇게 법정 스님의 다비식은 끝이 났다. 애초에 다비식을 하고 싶지 않다고 했던 스님의 뜻을 최대한 받들기 위해서였다.

하지만 추모객들은 쉽사리 그 자리를 떠나지 못했고, 한참 동안 불꽃을 바라보며 상념에 잠겨 있었다. 사람들은 불꽃을 보며 무슨 생각을 했을까. 그중에는 그 순간을 스케치북에 담고 있는 사람도 있었다. 알고 보니 만화 '악동이'의 이희재 작가였는데 그는 전날 비보를 접하고 곁에 있고 싶어서 왔다고 했다. 그러면서 스케치를 보여 주는데 사람들이 가운데를 빙 둘러싸고 있는 모습이 그려져 있었고 가운데 스님의 자리는 텅 비어 있었다.

"스님이 오랫동안 우리들하고 같이 계셨잖아요. 육신은 이제 없지만 정말 안 계신 건지, 존재라는 게 정말 그런 건지…. 없으면서도 있고 그런 것 같아요. 여기에 있는 많은 사람들의 지켜보는 얼굴들, 표정들, 그리고 그 가슴들에서는 무엇이 움직일까, 그런 생각들이 들었어요."

법정 스님은 마지막 가는 길까지 자신의 몸을 태워 가며 육신이 한 줌의 재로 사라지는 게 인생이라고, 결국 빈손으로 왔다가 빈손으로 떠나는 게 인생이니 지금 이 순간을 살아가면 그뿐이라고 알려 주었다. 자신을 태운 불꽃으로 텅 빈 공간을 만들고, 그 불꽃 속에서 사람들이 자신을 깊이 바라보며 사유할 수 있게 만들어 준 것이다.

법정 스님은 살아생전 최인호 작가와의 대담에서도 늙음이나 죽음은 결코 두려워할 게 아니라며 이렇게 말했다.

"사람도 살 만큼 살았으면 그만 물러나야지요. 죽음은 나무가 자라는 것처럼 자연스러운 일이거늘, 육신을 자신의 소유물로 여겨 소유물이 소멸된다는 생각 때문에 편안히 눈을 못 감는 것이지요. 죽음을 삶의 끝으로 생각하면 안 됩니다. 새로운 삶의 시작으로 생각할 수 있어야 합니다. 이렇게 생각하면 죽음이란 조금도 두려워할 것 없는 지극히 자연스러운 일이에요. 대신 내가 지금 이 순간순간을 얼마나 나답게 살고 있는지가 우리의 과제지요. 현재 주어진 시간과 에너지를 어떻게 쓰고 있느냐. 또 이것이 이웃에게 어떤 영향을 미치고 있느냐를 늘 생각해야 합니다."

그래서 법정 스님은 살면서 가장 두려워해야 하는 것은 늙음이나 죽음이 아니라 녹슨 삶이라고 했다. 항상 녹슬지 않도록 내 삶을 돌봐야 한다는 뜻이다. 다음은 법정 스님의 에세이《아름다운 마무리》에서 내가 좋아하는 구절이다.

"나이가 어리거나 많거나 간에 항상 배우고 익히면서 탐구하는 노력을 기울이지 않으면 누구나 삶에 녹이 슨다. 깨어 있고자 하는 사람은 삶의 종착점에 이를 때까지 자신을 묵혀 두지 않고 거듭거듭 새롭게 일깨워야 한다. 이런 사람은 이다음 생의 문전에 섰을 때도 당당할 것이다."

불교 신자는 아니지만 나는 가끔씩 삶과 죽음에 대해 생각할 때면 한 치의 미련도 없이 살 때는 삶에 철저했고, 죽을 때는 죽음에 철저했던 법정 스님이 떠오른다. 어쩌면 다비식을 지켜보며 육신이 한 줌의 재가 되어 버리는 순간을 목도하는 강렬한 체험을 한 것이 그때가 처음이자 마지막이었기 때문일지도 모른다. 불꽃을 보며 했던 생각들을 잊지 않겠다고 다짐했지만 지금 이 순간을 나답게 잘 살아 내고 있는지, 내 삶에 녹이 슨 부분은 없는지 돌아보면 부끄럽기 그지없다.

사랑은 함께 있되
거리를 두는 것이다

카누 국가 대표인 이순자 선수를 처음 만난 건 2008년 베이징 올림픽 후였다. 우리는 20대 후반의 비슷한 나이에 비슷한 고민을 하고 있었다. 이순자 선수는 카누 종목으론 우리나라 최초로 올림픽에 출전해 많은 관심을 받았지만 운동선수로서는 적지 않은 나이였기에 언제까지 선수 생활을 이어 갈 수 있을지 생각이 많았다. 나는 VJ로 일을 하고 있었지만 불규칙한 생활과 고된 현장을 언제까지 버틸 수 있을까 하는 막연한 불안이 있던 터라 알게 모르게 우리는 서로를 안쓰럽게 여겼던 것 같다.

10년 뒤 우리는 거짓말처럼 다시 만나게 되었다. 그녀가 나를 알아보지 못할 수도 있다고 생각했다. 그런데 그녀는 카누를 어깨에 이고 나에게 걸어오더니 이렇게 말했다.

"안고 인사하고 싶은데 카누 땜에 안을 수가 없네요."

알고 보니 그녀도 가끔 내 안부가 궁금했는데 혹시나 다른 일을 하고 있다면 안부를 묻는 게 실례가 되지 않을까 싶어 망설였다고 했다. 그런데 여전히 그때와 같은 일을 하고 있어서 반가웠단다. 우리는 그렇게 자연스럽게 같이 밥을 먹으며 더 많은 이야기를 나누기로 했다. 식사를 하면서 이런저런 얘기를 나누는데 그녀에게서 행복감이 느껴졌다. 그래서 물었다.

"행복하세요?"

"네, 저 행복해요."

사실 가볍게 밥 먹는 분위기에선 뜬금없는 질문이었을 텐데 한치의 망설임도 없이 바로 답하는 그녀를 보며 '아, 저렇게 주저함 없이 지금 행복하다고 말한 적이 내게는 언제였나' 하는 생각이 들었다. 언제부터 행복했느냐고 물으니 남편을 만나고 나서라고 했다. 그 전에도 카누를 좋아했지만 끊임없이 '혹시 카누를 못 하게 되면 어떡하지?', '성적이 잘 안 나오면 어떡하지?' 하는 불안감에 시달렸다고 했다. 그런데 어느 날 남편이 그녀에게 말했다.

"힘들면 언제든 그만하고 집으로 와요. 내가 늘 곁에 있으니 아무 걱정 말고."

늘 혼자 싸우는 기분이었는데 그 말을 듣고는 안도감이 들었단다. 그 뒤로는 정말로 카누를 하는 게 행복하다고 했다.

그녀의 남편은 정읍에서 소를 키우는 사람이다. 소를 키우는 남자와 카누 국가대표 선수, 그들은 소개팅으로 만났다. 그녀는 소개팅을 나가서 까맣게 그을린 얼굴에 하얀 이빨을 드러내며 웃는 시골 총각의 순수함에 반했고, 그는 그녀가 보이는 카누에 대한 열정에 반했고.

그렇게 서로에게 반해 결혼을 하게 되었지만 올림픽 출전을 앞두고는 고민이 많았다. 그도 그럴 것이 큰 대회를 준비하려면 반년에서 길게는 1년 가까이 훈련장에서 합숙을 해야 한다. 그야말로 부부가 생이별을 할 수밖에 없는 것이다. 게다가 몸 상태도 좋지 못했다. 손목은 거의 못 쓸 정도의 상태였고 가만히 있어도 손가락 마디마디가 고통스러웠다. 그 몸으로 훈련에 참여해서 출전권을 딸 수 있을지도 미지수였다. 그래서 고민이 많았는데 이번에도 남편이 먼저 말을 꺼냈다. 올림픽 나가고 싶지 않느냐고, 나는 괜찮으니 하고 싶으면 도전해 보라고, 대신 힘들면 언제든지 그만두고 오라고.

그 말에 용기를 얻은 그녀는 화천 훈련장에 입소했다. 깜깜한 새벽 그녀는 늘 일어나자마자 손목을 핫팩으로 찜질한다고 했다. 나는 궁금했다. 그런 순간에 남편이 곁에 없는 게 아쉽지 않을까. 그런데 그것은 세상 쓸데없는 걱정이었다. 그녀는 통화를 하는 것만으로도 그가 자신을 얼마나 사랑하는지 느껴진다며 늘 보호받는 기분이라고 했다. 남편도 같은 마음을 느낀다고 했다. 혼자 새벽에 일어나 갓 태어난 송아지를 보러 나갈 때나 여물을 줄 때면 아내의 마음이 곁에 머무는 거 같아서 사랑받는 기분을 느낀다고.

그 이야기를 듣는데 이게 사랑이 아니면 무엇이 사랑일까 싶었다. 카누와 소, 전혀 연결 지점이 없어 보이는 두 사람이 다른 공간에서 각자의 시간을 보내는 동안에도 서로의 꿈을 응원하고 나의 지금을 그 또한 걱정해 주리라 굳건히 믿는 사랑.

에리히 프롬은 《사랑의 기술》이라는 책을 통해 누군가를 사랑하는 것은 단순히 강렬한 감정만이 아닌, 결의이자 판단이고 약속이라며 다음과 같이 말했다.

"나는 사랑하는 사람이 나에게 이바지하기 위해서가 아니라 자기 자신을 위해서 자기 나름의 방식으로 성장하고 발달하기를 바란다. 만일 내가 참으로 한 사람을 사랑한다면 나는 모든 사람을 사랑하고 세계를 사랑하고 삶을 사랑하게 된다. 만일 내가 어떤 사람에게 '나는 당신을 사랑한다'고 말할 수 있다면 '나는 당신을 통해 모든 사람을 사랑하고 당신을 통해 세계를 사랑하고 당신을 통해 나 자신도 사랑한다'고 말할 수 있어야 한다."

돌이켜보면 예전에 나는 사랑하는 사람과 모든 걸 함께 나누기를 바랐다. 그래서 더 이상 외롭지 않은 것이 사랑이라고 생각했다. 그때는 아무리 사랑해도 그에게도 나에게도 각자의 성장을 위해 혼자만의 시간이 필요하다는 사실을 이해하지 못했다. 혼자만의 시간에 느끼는 외로움 또한 내가 견뎌야 할 몫임을 몰랐다.

하지만 나는 사랑하기에 앞서 그의 세계를 존중했어야 했다. 그러기 위해서는 그와 나 사이에 오히려 적당한 간격이 필요하다는 사실을 받아들였어야 했다. 오히려 그가 나를 사랑이라는 이름으로 구속하려 들면 그건 사랑이 아니라고 단호하게 말할 수 있었어야 했다.

진짜 사랑을 하면 나와 전혀 다른 그의 세계를 만나 이해하려고 애쓰는 과정에서 나의 세계가 확장되는 경험을 하게 된다. 박준 시인의 말처럼 "사랑은 이 세상에 나만큼 복잡한 사람이 그리고 나만큼 귀한 사람이 있다는 사실을 새로 배우는 일"이기 때문이다.

나는 이제 나에게 묻는다. 사랑이 찾아왔을 때 외로움을 달래주지 않는다고 그를 원망하지 않을 자신이 있느냐고. 함께 있되 거리를 두라는 말을 실천할 자신이 있느냐고. 이순자 선수와 그녀의 남편처럼.

20대의 어느 날 내일이 오지 않았으면 좋겠다는 생각을 한 적이 있었다. 하지만 어김없이 내일은 찾아왔고 어쨌든 나는 또 하루를 살아 내야 했다.

그후로 '다큐 3일'에서 VJ로 일하며 노숙자부터 대통령까지 안만나 본 사람이 없을 정도로 다양한 사람들을 만났고, 그들의 3일을 지켜보게 되었다.

그러다 자연스럽게 알게 되었다. 내가 무의미하게 흘려보낸 수많은 하루가 누군가에게는 너무나 절박한 하루였고, 누군가에게는 아주 오랜만에 웃어 보는 하루였으며, 누군가에게는 고통 끝에 아이를 낳아 기쁨의 눈물을 흘리는 하루였고, 누군가에게는 이 세상에서 허락된 마지막 하루였다는 사실을…. 그중에서도 유독 기억에 남는 날들이 있다. 부산대학교병원 흉부외과에서 보낸 3일이 그랬다.

첫날 밤

한 의사가 오늘은 집에 오냐는 아내 전화에 퇴근을 서두른다. 그런데 당장 수술하지 않으면 급사할 위험이 있는 환자가 도착했다는 전화가 걸려 온다. 퇴근한 다른 파트 의사들에게 전화를 돌리고 응급실로 달려가자 사색이 된 보호자가 기다리고 있다. 의사가 숨을 고르고 최대한 차분하게 환자의 상태와 수술의 위험성에 대해 설명하자 환자의 아내가 물었다.

"사망할 수도 있나요?"

"네, 사망할 수 있습니다."

환자를 살리기 위해 밤새 수술이 이어졌고 새벽 3시가 되어서야 수술이 끝났다. 그때서야 의사는 그날 첫 끼로 식은 피자를 먹었다.

둘째 날

폐암 수술 중에 환자의 심장이 갑자기 뛰지 않아서 에크모ECMO, 인공 심폐기를 단 다음 의사들은 밤새 원인을 찾으려 애썼다. 잠깐 몇 분의 여유가 생겨 복도에 나온 한 의사에게 방울토마토 몇 개를 건네니 맛있게 먹었다. 바나나를 건네자 하루 종일 물을 못 마셔 그건 안 넘어갈 것 같다고 거절했다.

셋째 날

첫날 밤 응급 수술을 했던 환자가 일반 병동으로 이동하며 의사에게 다시 살게 해 줘서 감사하다는 인사를 건넸다. 그러자 의사는 오히려 살아 줘서 감사하다며 눈물을 보였다. 하지만 한 시간 뒤 바로 옆 침대에 누워 있던 둘째 날 환자가 고비를 넘기지 못하고 끝내 죽음을 맞이했다.

의사들은 보호자들 앞에서 사망 선언을 했다. 보호자들이 통곡하며 마지막 인사를 나누는 동안 의사들은 고개를 돌려 천장을 바라봤다. 보호자들이 나가고 난 뒤 의사들은 환자와 연결되어 있던 인공 심장 라인들을 모두 제거하고 몸을 깨끗이 소독한 뒤 영안실로 보냈다.

마지막 날

한 의사에게 괜찮냐고 물어보니 지금은 곧 있을 수술에 집중해야 하니까 고인에 대한 마음은 수술 뒤 혼자 있는 시간에 잘 정리하겠노라고 했다. 그렇게 해결되지 못한 감정들이 그의 가슴에 쌓여 가고 있었다.

그때의 3일은 곁에서 지켜보는 나에게도 숨가쁜 시간들이었다. 물론 나는 환자도, 보호자도, 의사도 아니었지만 수술은 너무나 길게 느껴졌고, 느닷없이 맞이한 한 환자의 죽음은 너무나 갑작스러웠다. 그런 하루하루를 묵묵히 살아 내는 의사들이 그저 존경스러울 따름이었다.

2014년 프란치스코 교황이 한국을 방문했을 때도 마찬가지였다. 꽃동네 장애인 학교 아이들이 교황을 만나기 위해 버스를 타고 가는데 마침 그 모습을 담게 되었다.

버스 안, 오른쪽 다리만 성장하는 병을 가진 다섯 살 여자아이에게 물었다.

"교황님을 만나면 어떤 얘기를 하고 싶어요?"

그러자 아이는 두 손을 모으며 말했다.

"다리 낫게 해 달라고 할 거예요."

버스 안은 교황에게 빌 소원과 희망으로 가득했다.

다음 날은 위안부 할머니들이 교황을 만나러 가는 길을 함께했다. 밤새 떨려서 잠 못 이룬 할머니들은 깜깜한 새벽, 차 안에서도 설레는 마음을 감추지 못했다. 한 할머니가 말했다.

"살다 보니 이런 날도 오네, 그냥 교황님 마주하는 순간 평생 쌓여 있는 한이 풀릴 것 같아."

그러면서 실은 한번 폭 안겨 보고 싶지만 어떻게 감히 그러겠냐고, 그냥 그의 미소만 봐도 좋을 것 같다고 했다.

누군가는 평생을 가져갈 용기를, 누군가는 평생의 한이 씻겨 내려갈 위로를 얻게 된 하루였다. 그처럼 수많은 사람들이 각자의 방식대로 하루의 의미를 만들어 가는 모습을 지켜보면서 어느 순간 하루를 시작하는 나의 태도도 달라지기 시작했다.

묵은 하루가 가고 새로운 하루가 찾아왔다.

오늘을 어떻게 맞이할지는 당신에게 달려 있다.

하루를 가슴 짓누르는 부담으로 여길 수도, 설레는 약속처럼 느낄 수도
있다. 당신을 위한 날이 밝았다며 기뻐할 수도 있고, 씻지도 않은 채 기력
도 없이 무덤덤하게 일과를 시작할 수도 있다.

오늘의 삶을 스스로 선택해 본다.

안젤름 그륀 신부의 책《하루를 살아도 행복하게》의 한 구절이
다. 나는 글을 읽으며 오늘을 어떻게 보낼 것인지 스스로 선택해
본다.

누가 뭐라든
나답게

　동대문 패션타운을 처음 취재한 건 2013년도였다. 해가 지고 동대문 거리의 상점들이 문을 닫기 시작할 무렵 동대문 도매 시장의 불빛이 하나둘 켜지기 시작했다. 밤 10시가 넘어가니 도매 시장 주위로 사람들이 몰려들며 활기가 넘쳐났다.

　밤낮이 바뀐 세상, 층마다 단칸 점포들이 다닥다닥 붙어 있고 그 사이를 가로지르는 좁은 복도는 온갖 지역에서 몰려든 상인들로 정신이 없었다. 그래도 어떻게든 취재를 해 보려고 이리저리 치이면서도 주위를 돌아보던 때였다. 좁은 복도 사이를 뛰어다니는 젊은 청년들이 눈에 들어왔다. 그들은 자기 몸의 반은 돼 보이는 옷 봉지들을 어깨에 짊어지고 복도를 누비고 다녔다. 그들이 더 눈에 들어왔던 이유는 그렇게 몸을 쓰는 일을 하는 경우 보통

편한 복장을 입게 마련인데 그들은 각자 자신의 취향과 개성을 한 껏 살린 옷을 입고 있었다. 어떤 청년은 장발에 화려한 머리띠를 하고 있었고, 어떤 청년은 지금 당장 잡지 화보에 실려도 될 것 같은 패션이었다.

어떤 사람들일까? 너무 궁금해 쫓아가 보려고 했지만 도매 시장의 좁은 미로를 쏙쏙 빠져나가는 그들의 속도를 따라잡기란 여간 어려운 일이 아니었다. 카메라를 들고 겨우 따라가 보니 그들은 짊어지고 간 옷 봉지들을 운송차에 싣기 위해 분류를 하고 있었다.

알고 보니 그들은 '사입삼촌'이라고 불리는 사람들이었다. 동대문에 직접 오지 못하는 다른 지역의 소매업체들이 주문한 옷들을 대신 구매해 주고 배송하는 일을 한다고 했다. 보통 밤 11시부터 다음 날 새벽 6시까지 일하는데 주문 대장을 확인하고, 물건을 픽업하고, 퀵이나 택배 차가 기다리는 곳까지 옷을 운반하다 보면 바빠서 잠시도 쉴 틈이 없다. 엘리베이터를 이용하지 않는 이유는 딱 하나, 엘리베이터를 기다리고 있을 시간이 없기 때문이다.

10~20kg 정도 되는 옷 봉지를 몇 개씩 어깨에 짊어지고 계단을 오르내리려면 체력은 기본이다. 그런데 동대문에서 사입삼촌으로 자리를 잡으려면 체력만으론 안 된다. 거래업체를 늘리기 위해서는 잘 팔릴 만한 옷을 고르는 안목도 갖춰야 한다. 그래서 사입삼촌으로 일하는 사람들 중에는 패션을 좋아하고 그와 관련된 꿈을 가진 청년들이 많다.

이제 2개월 차라는 막내 사입삼촌도 그중 한 명이었다. 그의 꿈은 동대문에 자신의 점포를 내는 것이다. 그는 어릴 때부터 디자이너가 되고 싶었지만 어려운 집안 형편으로 대학을 가지 못했다. 하지만 꿈을 포기할 수 없어 이것저것 알아보다가 사입삼촌에 대한 이야기를 듣게 되었다. 사입삼촌으로 몇 년 일하다 보면 가게를 열 기회를 얻을 수도 있다는 말에 그는 주저 없이 동대문을 택했다. 실제로 와 보니 자기와 비슷한 꿈을 가지고 있지만 스펙이랄 게 딱히 없는 친구들이 많았고, 그럼에도 다들 열심히 일하고 있었다. 그래서 웬만큼 해서는 잘한다는 얘기를 듣기 어렵단다. 하지만 어떻게든 버텨 내면 언젠가는 꿈을 이룰 수 있을 것이라 그는 생각했다.

벌써 동대문에 들어온 지 3년째인 어떤 청년은 잠시 쉬는 동안 휴대폰을 보고 있었는데 마침 보고 있는 기사가 N포 세대에 대한 기사였다. 연애, 결혼, 주택 마련 등 포기한 게 너무 많아 셀 수 없다는 의미를 담고 있는 'N포 세대'. 그런데 그는 그 어느 것도 포기해야겠다는 생각을 해 본 적이 없어 기사에 동의할 수 없다고 했다. 물론 자신은 학력도 스펙도 변변치 않아서 동대문으로 왔지만, 여기에서는 누구든 열심히 한 만큼 결과가 나온다는 믿음이 있기에 앞으로도 목표를 가지고 최선을 다할 거라고 했다.

그 어느 것도 포기할 생각이 없다는 그의 답에 나는 적잖이 놀랐다. 나는 아마도 기사에 나온 다른 사람들처럼 그도 사회에 대한 불만과 미래에 대한 두려움을 털어놓지 않을까 예상했던 것 같다. 그런데 그는 포기 대신 자신이 이룰 미래의 성취를 그리고 있었다.

그로부터 6년이 지난 2019년, 대학생들 사이에서는 여러 사건들을 통해 공정 사회에 대한 회의감이 만연했다. 그 모습을 안타깝게 지켜보던 어느 날 사입삼촌들이 생각났다. 그들은 여전히 꿈을 이룰 수 있다는 희망을 가지고 있을까. 그리고 그때처럼 확신에 찬 답을 말할 수 있을까. 그래서 나는 다시 동대문을 찾았고 한 사입삼촌을 만나게 되었다.

그는 어릴 때부터 명품 디자인을 하는 게 꿈이었다고 한다. 그런데 그쪽에서 일하려면 명문대를 가거나 유학을 가야 한다는데 공부를 특출나게 잘하는 것도 아니고 집안 형편도 어려워 그럴 엄두를 내지 못했다.

하지만 목표가 확실했던 그는 중학교 때 혼자 서울로 올라와서 동대문 근처에서 숙식하며 학교도 다니고 일도 했다. 어머니는 그의 키가 작은 게 그때 자신이 옆에서 못 챙긴 탓에 그런 거라고 미안해했지만 그는 별로 신경 쓰지 않는다고 했다.

밤낮없이 일하기 때문에 가끔 만보기를 재 보면 하루 4~5만 보라는 말도 안 되는 숫자가 나올 때가 있다면서 그는 걸음의 수만큼 꿈에 가까워질 거라 믿는다고 했다. 동대문이라는 미로 속에서 길을 잃지 않는 것처럼 환경에 지배당하기보다 환경을 지배하면서 살겠다고도 했다. 마지막으로 그는 절대로 자신을 의심하지 않는다고 말했다.

시간이 갈수록 계층 이동은 어려워지고, 불평등은 더욱 심화되고 있다. "아무리 노력해도 타고난 환경이 받쳐 주지 않으면 꿈을 이루는 건 어려운 일"이라며 무기력이 팽배한 것이 요즘 현실이기도 하다. 하지만 사입삼촌들은 안 될 거라며 꿈을 포기하는 대신, 이 모든 게 세상 탓이라며 변명과 핑계를 늘어놓는 대신, 간절히 원하는 꿈을 향해 나아갈 뿐이다.

취재가 끝나고 사입삼촌들이 무거운 옷 봉지들을 어깨에 짊어지고 쉴 새 없이 동대문의 패션타운을 구석구석 누비고 다니는 모습을 바라보는데 그들이 참 멋있다는 생각이 들었다. 학벌, 집안 환경, 그 무엇에도 기대지 않고 스스로의 매력과 강점을 살려 원하는 목표를 향해 나아가는 사람만이 낼 수 있는 진짜 멋 말이다. 몇 년 동안 고생할 것은 각오했지만 후줄근한 옷은 참을 수 없다는 그들의 말이 잊히지 않는다.

나도 그들처럼 불평을 늘어놓는 대신 내 식대로 무엇이든 하고 있는 사람이 되고 싶다. 포기하지 않고 어떻게든 꿈을 향해 나아갈 방법을 찾는 사람이 되고 싶다. 그러기 위해서는 사입삼촌들처럼 나 스스로를 믿어야만 한다. 세상 사람들이 모두 나를 흔든다 해도 나 자신을 믿으면 무너지지 않고 어떻게든 앞으로 나아갈 수 있다.

우리 그때
말하기로 해요

　전국 포구에서 올라온 수산물들이 최종 경합을 펼치는 노량진 수산 시장 경매 현장은 그야말로 전쟁터 같다. 매일 새벽 1시면 시작되는 경매. 서로 어떻게든 좋은 물건을 낙점받으려고 외치는 중도매인들의 목소리에 수산 시장의 밤은 낮보다 더 뜨겁다. 그렇게 한바탕 소동이 지나가고 새벽 4시쯤 라면으로 대충 배를 채운 수산 시장 상인들은 다시 손님을 맞이할 준비로 바빠진다. 오늘 팔아야 할 생선들을 보며 한숨짓는 한 할머니. 40년 가까이 해 온 일이지만 늘 시작할 때면 오늘 이 생선들을 다 팔 수 있을까 걱정이 앞선다고 했다.

　중도매인인 남편을 따라 들어온 노량진 시장. 그녀는 일찍이 아버지를 여의고 동생 7명을 먹여 살리느라 안 해 본 일이 없었다. 시집을 와서는 남편과 함께 시장에서 일하고 시집 뒤치다꺼리 하느라 쉴 틈이 없었다. 마흔셋에 남편을 저세상으로 떠나보낸 뒤 에는 혼자 쭉 가족들의 생계를 책임져 왔다. 한때 직원을 17명이나 둘 만큼 장사를 크게 한 적도 있는데 그때도 몸치장할 여유는 없 었다. 백화점은 한 번도 가 본 적이 없고 어디에 있는지도 모른다.

"내가 죽은 다음에 하느님이 이 세상에 태어나 뭐 하고 왔냐고 물으면 원없이 일만 하고 왔다고 그럴라고. 일밖에 한 게 없으니 까. 한 번도 어디 돌아다닌 적이 없어. 이 수산 시장에서 설날이랑 추석만 빼고는 하루도 쉬지 않고 일했으니까."

그 말을 듣고 나는 할머니에게 물었다.

"그렇게 말하면 하느님이 너는 참 복이 많구나 하실까요, 너는 참 복이 없구나 하실까요?"

"복이 많구나, 고생했어도 복이 많구나 그러겠지. 건강하게 일 했으니까."

그러면서 비린내가 체취가 되도록 일해 온 지난 세월, 전혀 후 회는 없다고 했다.

누군가는 그럴지 모른다. 그렇게 평생 다른 사람들 좋은 일만 하고 한 번도 제대로 쉰 적이 없는데 어떻게 인생에 대해 조금의 후회도 없을 수 있느냐고, 말은 저렇게 해도 일찍 저세상으로 떠 나 버린 아버지와 남편을 원망할지도 모른다고.

나도 예전 같으면 그렇게 말했을지 모르겠다. 하지만 나는 할 머니의 말을 듣는 순간 심장이 쿵 내려앉는 것 같았다. 그냥 수산 시장 골목에서 무심하게 들을 수 있을 거라고 예상하지 못했던 말이기 때문이다. 그래서 생각했다. 인생의 시련과 고통을 온전히 자신의 몫으로 받아들이고 묵묵히 살아온 사람만이 가지는 저 깊이를 내가 어떻게 헤아릴 수 있을까. 나는 마치 할머니가 70년 넘게 험난한 고통의 바다를 헤쳐 오며 삶을 꿰뚫는 지혜를 터득한 거리의 현자처럼 느껴졌다.

어릴 적 착한 일을 하면 부모님과 선생님에게 칭찬을 받듯 착하게 살면 신이 어여삐 여겨 나에게 불행과 고통을 주지 않을 거라고 생각한 적이 있었다. 하지만 나이가 들면서 착한 사람에게도 때때로 불행이 찾아온다는 것을 알게 되었다. 신이 인간에게 늘 행복을 약속하는 건 아니며 오히려 예기치 않은 순간에 불행과 고통을 줄 수 있다는 사실도 알게 되었다.

그런데 놀랍게도 그게 인생이라고 받아들이자 섣부른 낙관이나 비관을 하지 않게 되었다. '끝까지 모르는 게 인생이니까 우선 가 보자'라는 결론을 내리게 된 것이다.

그럼에도 마음이 무겁고 두려웠던 것 같다. 나이가 들면 좀 더 멋지게 살고 있을 것 같았는데, 지금쯤이면 뭐라도 돼 있을 줄 알았는데 그러지 못한 현실 앞에서 자꾸만 마음이 조급해졌던 것이다.

그러다 얼마 전 물리학자인 김상욱 교수를 만났을 때였다. 그는 몇 년 전 친하게 지내던 형의 죽음을 겪었다. 갑작스러운 지인의 죽음은 그에게도 받아들이기 힘든 슬픔이었지만 그는 물리학자로서 이렇게 죽음을 이해하고 있었다. 삶과 죽음은 원자가 모였다가 흩어지는 것일 뿐이라고. 이 넓은 우주에서 생명체가 있는 건 지구밖에 없고 그렇다면 오히려 죽음이 더 자연스러운 상태라고.

나는 깜짝 놀랐다. 나는 그동안 살아 있는 것은 당연한 것이고, 죽음이 찾아와 한순간에 삶이 끝나 버리는 것이 비정상적이라고 생각했었다. 그런데 그의 말은 내가 진리라고 생각했던 것을 한순간에 뒤엎어 버렸다. 그의 말에 따르면 '삶'이 비정상적인 상태이고 '죽음'이 자연스러운 상태인데 어떻게 그럴 수가 있을까. 그는 계속 말을 이어 갔다.

"우리 몸을 이루고 있는 원자는 불멸하기 때문에 죽더라도 사라지지 않고 흙 혹은 나무, 우주의 별이 되어 어딘가에 영원히 존재하고 있고, 그렇게 원자로 존재하는 동안에 대부분의 시간은 '죽음'의 상태로 지내다가 '삶'의 상태로 지내는 것은 원자가 지구라는 행성에 생명체로 존재하게 되는 찰나의 시간에 지나지 않는다."

그래서 삶을 누리고 있는 시간을 소중히 여기되 그 시간이 끝난다고 슬퍼할 게 아니라 더 자연스러운 상태인 죽음으로 옮겨가는 것이라 여기면 된다고.

아, 그렇구나. 이상하게 그 말을 듣는데 안도감이 느껴졌다. 생의 타이머가 있다면, 그 타이머가 멈추기 전까지 뭔가를 해내고 생존해야 된다는 강박에 사로잡혀 있다가 자유로워지는 것 같았다. 마치 잘 살아 내야 한다며 꽉 움켜쥐고 있던 주먹을 스윽 하고 편하게 풀어 버리는 것처럼.

그리고 이어서 김상욱 교수는 이렇게 말했다. 지구가 태양을 중심으로 도는 것도, 달이 지구를 도는 것도 사실 아무런 의도 없이 그냥 법칙에 따라 움직이고 있을 뿐인데 인간은 의도 없이 움직이고 있는 우주에서 끊임없이 의미를 찾는 존재라고. 자신이 왜 존재하는지 고민하는 새로운 '원자 덩어리'라고. 그래서 인간이라는 존재가 참 애틋하게 느껴진다고.

그냥 태어나서 살다가 죽으면 그만인데, 왜 인간은 끊임없이 자신이 이 땅에 태어난 이유와 목적을 찾으려고 하는 걸까. 어쩌면 원자가 지구라는 행성에 생명체로 존재하는 찰나의 시간이지만 어렵게 얻은 만큼, 생의 시간을 허투루 쓰고 싶지 않기 때문은 아닐까.

나는 원자 덩어리에 불과하며 만약 죽음이 찾아온다고 해도 자연스러운 상태로 옮겨 가는 것일 뿐이니 슬퍼하지 말라는 말을 기억해야겠다. 그러니 특별한 존재가 되려고 안달 내지 말자고, 잘 살아야 한다는 강박에 사로잡혀 오히려 소중한 것들을 놓치지 말자고, 그냥 내게 주어진 하루하루를 성실하게 살아 보자고, 그거면 충분하다고.

마지막으로 뭔가 멋진 삶을 살고 있을 줄 알았는데 아무것도 아닌 것처럼 느껴질 때, 그래서 자꾸만 마음이 조급해질 때마다 나를 위로해 준 말을 당신에게도 들려주고 싶다. 안톤 체호프의 〈바냐 아저씨〉에서 소냐가 바냐 아저씨를 위로하며 한 말이다.

"바냐 아저씨, 우리 살아가도록 해요.

우리 앞에 끝없이 놓인 낮과 밤들을 살아가는 거예요.

운명이 우리에게 주는 시련들을 묵묵히 견뎌 내요.

지금 이 순간에도 나이 든 후에도 다른 사람을 위해 일하도록 해요.

그리고 언젠가 마지막 시간이 오면 조용히 죽음을 맞이해요.

그리고 무덤 너머 저 세상에 가서 얘기하기로 해요.

우리가 겪었던 고통을, 흘렸던 눈물을, 그리고 힘들었던 이 삶을요.

그러면 하느님께서도 우리를 가엾게 여기실 거예요.

그러면 우리에게는 밝고 아름다운 삶이 펼쳐질 거예요.

기쁨에 넘쳐서 지금의 슬픔을 돌아볼 수 있을 거예요.

부드러운 미소를 지으며 쉴 수 있을 거예요.

저는 그렇게 믿어요.

우리는 편히 쉬게 될 거예요."

참 괜찮은 태도

초판 1쇄 발행 2022년 9월 30일
초판 10쇄 발행 2024년 1월 2일

지 은 이 | 박지현
발 행 인 | 강수진
편   집 | 이여경
마 케 팅 | 곽수진
홍   보 | 조예은
디 자 인 | 어나더페이퍼
일러스트 | 오하이오 (Ohio)

주   소 | (04075) 서울시 마포구 독막로 92 공감빌딩 6층
전   화 | 마케팅 02-332-4804 편집 02-332-4809
팩   스 | 02-332-4807
이 메 일 | mavenbook@naver.com
홈페이지 | www.mavenbook.co.kr
발 행 처 | 메이븐
출판등록 | 2017년 2월 1일 제2017-000064